LA BARONNE
ET LE MUSICIEN

Madame von Meck et Tchaïkovski

HENRI TROYAT
de l'Académie française

LA BARONNE ET LE MUSICIEN

Madame von Meck et Tchaïkovski

BERNARD GRASSET
PARIS

IL A ÉTÉ TIRÉ DE CET OUVRAGE
QUINZE EXEMPLAIRES
SUR VÉLIN PUR FIL DES PAPETERIES MALMENAYDE
DONT DIX EXEMPLAIRES DE VENTE
NUMÉROTÉS DE 1 À 10
ET CINQ HORS COMMERCE
NUMÉROTÉS H.C.I. À H.C.V.
CONSTITUANT L'ÉDITION ORIGINALE.

I

Comme la plupart des propriétaires fonciers de Russie, la baronne Nadejda von Meck redoute, dès le printemps de l'année 1861, que l'abolition du servage, décrétée depuis peu, avec une inquiétante générosité, par l'empereur Alexandre II, ne provoque une vague de revendications parmi les moujiks et de profonds bouleversements pour elle-même. Or, très vite elle constate que cette satisfaction donnée aux partisans du « progrès à l'européenne » se déroule, pour elle et pour les siens, sans grand dommage. Certes, les serfs affranchis reçoivent, pour garantir leur subsistance, des lopins de terre prélevés sur la propriété de leur barine. Mais des « arbitres de paix », désignés par le maréchal de la noblesse dans chaque district, veillent à ce que le partage soit indolore pour les seigneurs. Quant aux nouveaux hommes libres, ils sont à la fois ravis et effrayés de l'aubaine. Habitués à être déchargés de tout souci pour l'avenir par un maître attentif à conserver en bon état son cheptel humain, ils se méfient de cette indépendance pleine de risques et se demandent s'ils n'étaient pas plus heureux avant qu'on ne s'avise en haut lieu des méfaits de l'inégalité sociale.

Les gens de maison, notamment, se déclarent souvent trop attachés à leur sort pour souhaiter en changer. Il en est ainsi, par bonheur, chez la baronne von Meck. Les cinquante domestiques dont elle dispose ne bronchent pas à l'annonce de leur changement de statut. Ils continuent d'assurer avec zèle le train de vie de la belle demeure de soixante pièces, boulevard Rojdestvenski à Moscou, où leur maîtresse, née Nadejda Florovski [1], règne superbement aux côtés de son mari, le baron Karl von Meck. Au vrai, ce hobereau d'origine balte, d'humeur égale et conciliante, elle l'a épousé sans l'aimer vraiment, en 1848, pour obéir au vœu de son père, Philarète Florovski, lequel craignait de

1. Nadejda Florovski est née le 29 janvier 1821, à Znamenskoïé dans la province de Smolensk.

mourir avant de l'avoir mariée et casée. Or, ce père était tout autre chose pour elle qu'un ascendant auquel on a recours en cas de nécessité, pour solliciter son conseil ou sa protection. Subjuguée par la douceur de ce dilettante souriant, elle voyait en lui l'incarnation de l'intelligence, de la sensibilité et de la droiture. Mélomane et grand voyageur, Philarète jouait du violon, fréquentait les milieux artistiques, et n'hésitait pas à entraîner sa fille de ville en ville, de concert en concert, à travers l'Europe. Il avait même éclipsé, dans l'esprit de l'adolescente, l'image d'une mère qui, vivante ou disparue, n'était plus pour elle qu'un prénom. Lorsque Philarète est mort à son tour et que Nadejda s'est retrouvée orpheline de père après l'avoir été de mère, elle connut des journées de désarroi, malgré la présence à ses côtés d'un mari compréhensif et attentionné. Puis, peu à peu, revisitée par la volonté de feu Philarète Florovski, elle se ressaisit et n'eut de cesse qu'elle n'eût prouvé ce dont elle-même était capable. Fallait-il la disparition de ce père admirable pour qu'elle ose se montrer digne de lui ? Pour commencer, elle s'empresse de justifier son rôle d'épouse en mettant au monde des enfants. Comme elle ne sait rien faire à moitié, elle met les bouchées doubles. En vingt-quatre ans de mariage, elle donnera le jour à six filles et cinq garçons [1].

Ces grossesses et ces accouchements à répétition ne l'empêchent pas, entre deux naissances, de veiller à la carrière de son mari et à l'accroissement de leur fortune. Femme de tête autant que génitrice féconde, elle incite Karl von Meck, qui gagne mille cinq cents roubles au service de l'Etat, à quitter l'administration pour se lancer dans des entreprises plus hasardeuses et plus lucratives. Avec son frère, il fonde une société de chemins de fer – la ligne de Moscou à Riazan – dont les premiers capitaux sont avancés par son épouse. En même temps, elle développe l'activité d'une usine métallurgique que les von Meck possèdent dans l'Oural et augmente la production d'une fabrique de sucre qui lui appartient en Ukraine. Sans se déplacer, elle a l'œil à tout et trouve immédiatement la solution la plus rentable. Stimulé par elle, leur couple gagne beaucoup

1. Elisabeth, née en 1848; Alexandra, née en 1849; Vladimir, né en 1852; Julia, née en 1853; Lydia, née en 1855; Nicolas, dit Kolia, né en 1863; Alexandre, dit Sachok, né en 1864; Sophie, dite Sonia, née en 1867; Maximilien, dit Max, né en 1869; Michel, dit Micha, né en 1871; Ludmilla, dite Milotchka, née en 1872.

d'argent et s'assure une juste notoriété dans le milieu des affaires. Proche de ses intérêts, Nadejda peut être émue, tour à tour, par un bilan financier et par une performance musicale. Le brave Karl est tout à la dévotion d'une épouse aux multiples talents, aussi à l'aise dans les chiffres que dans les notes, dans la vie la plus plate que dans le rêve le plus éthéré. Il ne sait que faire pour remercier Nadejda de tous les contentements qu'elle lui dispense. Ce qu'il trouve de mieux comme récompense, c'est de la divertir par un continuel renouvellement de décor. Même en Russie, il y a moyen pour les von Meck de se dépayser. Outre l'immense hôtel particulier de Moscou, ils possèdent une élégante datcha à Saint-Pétersbourg, dans l'île Vassilievski, et un magnifique domaine à Braïlov. Et s'ils veulent changer d'horizon, toute l'Europe leur est ouverte. Fuyant l'hiver septentrional, ils séjournent volontiers en France, sur la Riviera, ou au Pays basque, ou au bord du lac de Côme, ou aux îles Borromées, ou à Florence, ou à Rome, ou à Genève, ou à Weimar, ou à Vienne, ou à Paris. Sensible aux préférences de sa femme, Karl se laisse entraîner par elle dans le sillage des pianistes, des violonistes et des chefs d'orchestre qui sont ses idoles du moment. Pour ses déplacements à l'étranger, le couple dispose d'ailleurs d'un wagon personnel blasonné aux armes des von Meck, où tout a été conçu pour leur confort et qui, selon leurs indications, est accroché en bonne place dans les trains internationaux.

De retour à Moscou, Nadejda von Meck découvre avec un plaisir renouvelé les vieilles habitudes russes. Tout ronronne dans la maison. Les enfants grandissent sous l'œil de leurs nounous et de leurs gouvernantes. Des milliers de roubles affluent dans les caisses et les salons les plus huppés font bon accueil à ce couple si sympathique. Mais Nadejda est de moins en moins attirée par les mondanités. Maniaque de l'ordre, de l'organisation et de la ponctualité, elle vit selon un programme spartiate. Jamais plus de huit heures de sommeil par nuit. Dès le réveil, prière de trente minutes à haute voix devant les icônes. Pour le repas, toujours frugal, on se contente d'une viande rôtie et de quelques légumes. Ensuite, promenade hygiénique, qu'il neige, qu'il pleuve, qu'il vente, afin d'activer la circulation du sang dans le cerveau. Et, en toute occasion, large consommation de thé. La réunion de la famille, devant le samovar, obéit à la régularité d'un rite ancestral. Autour de Nadejda et de Karl s'assemblent les enfants dès qu'ils sont en âge de comprendre la chance qui leur est ainsi offerte. Il y a là également des musiciens choisis par la maîtresse de maison, logés par elle et avec lesquels elle exécute, chaque jour, les œuvres de ses compositeurs préférés. Ces petits concerts à domicile sont suivis de discussions passionnées entre elle et les instrumentistes. Elle les surprend par l'étendue de ses connaissances musicales et par la fougue qu'elle apporte à défendre ses opinions. Il n'est pas rare que ces échanges de commentaires se prolongent tard dans la nuit. Quand il s'agit de musique, la baronne est infatigable. Que ce soit pour en jouer ou pour en parler ! On dirait qu'en faisant courir ses doigts sur le clavier elle éprouve l'extase que son mari n'a jamais su lui communiquer en la prenant dans ses bras. Si on ne peut être un bon exécutant quand on n'aime pas la musique, on peut être une bonne épouse sans prendre un véritable plaisir dans l'accouplement. Agée de quarante-quatre ans, Nadejda constate avec philosophie que, en vingt longues années vécues aux côtés d'un mari insignifiant et irréprochable, elle n'a fait que fabriquer des marmots, les confier à des mains mercenaires pour leur éducation, et gérer sa maison et sa fortune pour la plus grande satisfaction de toute la famille. Pas une once de sensualité, de fantasme, d'improvisation, de surprise dans ce train-train d'une âme sage et d'un corps au repos. Même ses enfants, aujourd'hui, la déçoivent. Nadejda s'étant fort peu occupée d'eux dans leur jeunesse, elle ne voit aucune raison de les entourer d'une tardive affection, d'autant qu'ils ont de moins en moins besoin d'elle pour se conduire dans l'existence. Elle a marié Elisabeth à un de ses anciens soupirants, un nommé Jolchine ; Alexandra a épousé un comte Bennigsen, Lydia un Levis de Maynard, Vladimir, l'écervelé, le débauché précoce, une jeune femme qu'il trompe effrontément. Au vrai, Nadejda s'embrouille parfois dans la liste de ses gendres et de ses belles-filles. La vie continue loin d'elle, torrentueuse, passionnée, passionnante. Va-t-elle rester longtemps encore immobile et désœuvrée sur la berge ?

Alors qu'elle se plaint de l'inanité stupéfiante de son destin, un coup inattendu la frappe au cœur : en janvier 1876, son cher Karl von Meck meurt subitement. La voici veuve avec quatre enfants plus ou moins bien mariés et sept qui restent encore à sa charge. Accablée de désolation et consciente de ses nouvelles responsabilités, elle ne trouve de réconfort qu'en s'asseyant au piano. C'est de son piano qu'elle attend la vraie absolution. Est-il possible que son parcours de femme s'arrête là, dans l'incertitude, l'oisiveté et l'absence d'idéal ? Quand elle se voit dans une glace, elle déteste son visage aigu, au nez busqué, au regard noir, agressif et altier qui semble mépriser le commun des mortels. Elle est très grande, très maigre et se tient voûtée par une honte instinctive de sa haute taille. Comment le pauvre Karl von Meck a-t-il pu la supporter ? Comment un autre homme pourrait-il l'aimer à son âge, avec ses rides ? Le seul compagnon de sa triste existence, c'est le clavier qu'elle effleure chaque jour d'une caresse exigeante. Elle a épousé en secondes noces la musique. Aussi, en dépit des usages qui imposent un délai de réserve et de contrition à toute veuve consciente de ses devoirs, se remet-elle, sitôt son mari enterré, à fréquenter les salles de concerts et les théâtres où l'on joue des opéras. Son unique tribut aux conventions sociales est le port d'une robe noire très stricte, aux manches longues et au col montant. Ainsi habillée, elle paraît l'ange même de la fatalité en marche. Cet uniforme de la douleur conjugale ne lui déplaît pas : c'est en se distinguant des autres par une tenue appropriée qu'une femme de qualité peut les habituer à respecter son chagrin.

Un certain soir, juste avant les fêtes de fin d'année, Nadejda von Meck s'habille avec un soin particulier, car elle a décidé de se rendre à un concert donné sous l'égide de la Société musicale russe ; l'orchestre sera dirigé par un familier de la maison, le célèbre Nicolas Rubinstein ; au programme figure un poème symphonique adapté du drame de Shakespeare, *La Tempête*. C'est la dernière œuvre d'un compositeur russe dont on dit grand bien : Pierre Illitch Tchaïkovski. Nadejda sait que Nicolas Rubinstein apprécie le jeune créateur. Cependant, elle a eu la curiosité de relire, la veille, quelques scènes de *La Tempête* et elle a été franchement désappointée. A son avis, il s'agit là d'une pièce désordonnée, boursouflée, ne méritant pas d'inspirer un musicien de talent. C'est donc avec un préjugé défavorable qu'elle pénètre dans la salle de concerts, déjà à demi pleine. Quand Nicolas Rubinstein prend place devant les musiciens, elle a un serrement de cœur en pensant à la désillusion inévitable qui l'attend.

Or, dès les premières mesures, elle se sent soulevée de terre, comme par un souffle venu de l'au-delà. Ce qu'elle entend, ce n'est pas le verbiage solennel du magicien Prospero, les afféteries bâtardes de Miranda et les déclarations amoureuses de Fernando, mais le grondement d'une mer déchaînée, qui menace le refuge d'une île symbolique et qui s'adoucit par degrés jusqu'à n'être plus qu'un frémissement de l'air et un soupir de l'âme. Ce message secret, Nadejda a l'impression qu'il s'adresse à elle seule par-dessus la tête de centaines d'auditeurs anonymes. Elle est si émue de cette communion spirituelle qu'elle en oublie d'applaudir avec les autres, à la fin du morceau. Les acclamations redoublent autour d'elle tandis que deux jeunes gens, des élèves du Conservatoire sans doute, amènent de force, face au public, un homme gauche, tête basse, qui semble confus de son succès comme d'une faute. Alors que les musiciens, debout, frappent leurs instruments de l'archet ou de la main, selon la coutume, Nicolas Rubinstein embrasse Tchaïkovski et, tourné vers la salle, déclare avec emphase : « Voici le génie russe de notre temps, l'incomparable Tchaïkovski, auteur de cette merveilleuse *Tempête* que vous venez d'entendre grâce à moi ! »

En écoutant cet éloge hyperbolique, Nadejda se rappelle que Rubinstein a longtemps hébergé Tchaïkovski et que des rumeurs ont couru sur les mœurs dissolues de l'un et de l'autre. Décidée à en savoir davantage, elle interroge, dès le lendemain, un des musiciens qu'elle protège et qui loge sous son toit, Joseph Kotek. Mais celui-ci ne veut manifestement ni décevoir sa « bienfaitrice », ni médire d'un compositeur qu'il admire. Ses informations embrouillées et contradictoires agacent Nadejda, qui se résigne à ne plus se préoccuper des faits et gestes de ce Tchaïkovski, lequel, après tout, doit être un homme assez banal, indigne du talent dont Dieu l'a gratifié.

Durant plusieurs mois, elle vit en paix avec elle-même, tout en gardant l'espoir d'une révélation radieuse qui ne pourrait venir que de la musique, de l'amour ou de la mort. Cette prémonition, encore très confuse, transforme ses journées en une longue attente d'elle ne sait quoi. En mai 1876, au cours d'un nouveau concert de la Société musicale russe, elle croit déceler un second signal du destin en entendant le *Premier Concerto pour piano* en *si* bémol mineur du même Tchaïkovski, interprété par Serge Taneïev, un virtuose de vingt-deux ans, lauréat du Conservatoire de Moscou. Dès le début, les accents épiques du *Premier Concerto* produisent sur elle l'effet d'une lame de fond. Emportée par le flot, elle songe avec une frayeur superstitieuse que Mozart, que Beethoven sont revenus sur terre et qu'elle assiste à leur résurrection sous les traits et le nom d'un autre. Mais pour l'instant, cet autre est invisible. Pourquoi se cache-t-il ? Existe-t-il seulement ? N'est-il pas mort entre-temps comme ses grands précurseurs ? Non, Dieu soit loué ! Voici que, salué par des clameurs d'enthousiasme et des battements de mains frénétiques, Tchaïkovski se laisse traîner par Taneïev hors des coulisses et s'incline, admirable et empoté, devant une foule en délire.

Revenue chez elle, Nadejda décide incontinent de s'adresser à ce compositeur hors pair pour lui commander quelques menus travaux de transcription musicale, qu'elle rétribuerait largement. C'est là une pratique assez répandue dans le milieu des compositeurs, toujours en quête de gains supplémentaires pour étoffer le maigre revenu de leurs concerts. Pourtant Nadejda craint une rebuffade de Tchaïkovski dont elle ignore la situation financière. Or, non seulement il accepte son offre, mais il s'exécute avec une rare promptitude. Rassurée et radieuse, elle lui écrit, le 18 décembre 1876 : « Cher Monsieur Pierre Illitch, permettez-moi de vous adresser mes sincères remerciements pour la rapidité avec laquelle vous avez satisfait ma demande. Il me paraîtrait déplacé de vous dire l'émerveillement dans lequel me plongent vos œuvres, car vous êtes certainement habitué à des éloges d'un autre niveau et l'admiration d'un être musicalement aussi insignifiant que moi ne pourrait que vous sembler risible, mais, comme mon bonheur m'est précieux et que je ne voudrais pas que l'on en rie, je vous dirai simplement, en vous demandant de me croire sur parole, qu'avec votre musique la vie devient plus facile et plus agréable. Recevez l'expression de ma profonde estime et de ma sincère fidélité. Nadejda von Meck [1]. »

Ayant expédié la lettre, elle craint d'avoir été trop hardie dans le témoignage de sa gratitude. Elle n'a pas longtemps à attendre. La réponse lui arrive le lendemain : « Chère Madame Nadejda Philaretovna, je vous suis sincèrement reconnaissant pour les choses aimables et flatteuses que vous avez bien voulu m'écrire. De mon côté, je vous dirai qu'il est encourageant pour un musicien, à côté de toutes sortes de déceptions et d'obstacles, de savoir qu'il existe une petite minorité de gens, à laquelle vous appartenez, qui aime notre art avec autant de sincérité et d'ardeur. Votre très fidèle et dévoué – Tchaïkovski. »

---

1. Correspondance de Mme von Meck. Les extraits de toutes les lettres citées, écrites en russe, proviennent de l'édition Academia (Moscou-Leningrad, 3 volumes).

Cette lettre apaise l'inquiétude de Nadejda et exalte son désir de se dévouer à la musique et aux compositeurs de son choix. Comme elle a le tempérament combatif, elle se précipite à Bayreuth où les fanatiques de Wagner célèbrent le culte de leur idole. La représentation de *La Walkyrie*, second volet de *L'Anneau du Nibelung*, est l'occasion d'un énorme concours de public. Nadejda s'étonne de l'acharnement avec lequel les adeptes de Wagner proclament à tout vent que cette musique, tour à tour fracassante et pâteuse, comporte un enseignement philosophique à l'usage du monde entier. Refusant de croire à la valeur universelle d'une manifestation aussi outrageusement germanique, elle se répand, au foyer du théâtre et dans les salons de la ville, en protestations véhémentes contre l'art faussement révolutionnaire de Wagner, auquel elle oppose l'art sincère, mesuré et sensible d'un Mozart, d'un Schubert et, accessoirement, d'un Tchaïkovski.

Lors de ce séjour en Allemagne, elle a l'occasion de rencontrer Nicolas Rubinstein, le très séduisant Franz Liszt dont la virtuosité l'enchante, et nombre de mélomanes allemands, anglais, français et russes qui se bousculent et s'invectivent, car les uns sont wagnériens par esprit de mode et les autres antiwagnériens par tradition ou patriotisme. Comme personne autour d'elle ne prononce le nom de Tchaïkovski, elle se sent brusquement investie d'une mission capitale : ouvrir les oreilles de ce troupeau d'égarés à la musique de celui qu'elle considère déjà comme son protégé et son maître.

II

Après un bref intermède à la campagne, dans ses terres, Nadejda von Meck, revenue à Moscou, est reprise par son idée fixe et questionne à nouveau un des musiciens attitrés de sa petite cour, le violoniste Joseph Kotek, sur l'étrange personnalité de Tchaïkovski. Elle a entendu dire que celui-ci s'est fiancé récemment à une cantatrice française, Désirée Artôt. Qu'y a-t-il de vrai là-dedans ? Avec sa circonspection habituelle, Kotek répond qu'une légère idylle a, en effet, rapproché quelque temps la diva et le compositeur, mais que la carrière de la jeune femme l'obligeait à courir le monde et que Tchaïkovski, étant très attaché à Moscou, hésitait à quitter, même momentanément, la Russie où plusieurs membres de sa famille étaient à sa charge. Les fiançailles ont donc été rompues d'un commun accord, et Désirée Artôt a épousé en désespoir de cause un ténor habitué, comme elle, au vaet-vient des tournées. Cette nouvelle rassure quelque peu Nadejda, mais dans le même temps aiguise son appétit jusqu'au malaise. Le péril de Désirée Artôt ayant été écarté de justesse, elle tente d'imaginer la déchéance qui guetterait un Tchaïkovski si, par la faute d'un mariage absurde et d'une inévitable paternité, il se voyait condamné à l'enfer des momeries conjugales, des frivolités bêtifiantes, des maladies infantiles et des radotages quotidiens. Pour préserver son œuvre il importe qu'on lui épargne les menus tracas d'une existence ordinaire, avec les plaisirs et les aléas de la chair détournant l'esprit des grandes réalisations artistiques. Combien de musiques sublimes n'ont-elles pu naître, étouffées sous un amas de factures impayées, de couches salies, de pots de chambre renversés et de menus malaises féminins ! Tout compositeur digne de ce nom doit refuser de vivre comme les autres pour pouvoir créer mieux que les autres. Au milieu de ses pensées catégoriques, Nadejda apprend que, le 17 février 1877, Tchaïkovski dirigera lui-même au théâtre Bolchoï l'exécution de sa nouvelle œuvre, la *Marche serbe*, inspirée par les violences de la guerre russo-turque. En se rendant à ce concert, elle a l'impression que c'est elle et non Tchaïkovski que le public va juger.

Les premières mesures, éclatantes de patriotisme, la secouent jusqu'aux os. Le rythme martial des cuivres lui donne l'âme guerrière. Elle se sent fière d'être russe et encore plus fière d'être la compatriote de Tchaïkovski. Cependant, celui-ci n'a nullement l'air d'être à la fête. Chef d'orchestre occasionnel, il a face aux instrumentistes la baguette hésitante, l'échine ployée, le cou dans les épaules, comme s'il était effrayé par l'ouragan musical qu'il déchaîne. On dirait qu'il n'est pas l'auteur de cette marche triomphale mais que c'est elle qui, peu à peu, grandit celui qui la dirige. A la fin, il semble à bout de forces, salue maladroitement le public et s'enfuit dans les coulisses. Malgré les applaudissements et les rappels, il ne reparaîtra plus sur la scène. Nadejda est perplexe. Serait-il aussi timide que génial ? Cette supposition le lui rend doublement attachant car un timide a plus que tout autre besoin d'être protégé, conseillé. Or la sollicitude slave, pense Nadejda, c'est son affaire. Elle déborde même de tendresse maternelle envers cet homme mûr dont elle sait déjà qu'il ne peut être qu'un grand enfant !

Ayant ainsi choisi la proie future de sa bienveillance, elle soumet de nouveau le jeune Kotek au feu de sa curiosité. Plus elle admire

Tchaïkovski et plus elle exige d'être renseignée sur ses travaux et sur sa vie. Que fait-il en ce moment? A quoi pense-t-il? Quels sont ses moyens d'existence, ses relations familiales, ses goûts en matière de musique, de littérature, de théâtre? A-t-il de nombreux amis? Recherche-t-il la compagnie des femmes? Harcelé de cent questions indiscrètes, Kotek répond avec précaution et à voix basse, comme s'il craignait de divulguer un secret d'Etat. Oui, Tchaïkovski, dont il reconnaît être très proche, travaille en ce moment à une symphonie et songe même à un opéra, mais ses fonctions de professeur au Conservatoire lui prennent trop de temps et il peste volontiers contre les obligations qui le détournent de son œuvre. Si encore il était payé « en conséquence »! Mais il touche un salaire très insuffisant alors que la vie à Moscou est hors de prix. En outre il doit subvenir aux besoins d'une famille dont le moins qu'on puisse dire est qu'elle est fort nombreuse et fort dépensière. Certes, le père Illia Petrovitch, ancien ingénieur des Mines, est un brave homme, mais, incapable de gérer son argent, il s'est ruiné en spéculations et compte sur ses cinq fils, Pierre, Hippolyte, Nicolas, Anatole, Modest, et sur sa fille Alexandra pour le secourir. Or, si Hippolyte et Nicolas ont une situation assise et une conduite irréprochable, si Alexandra a épousé un homme de bon aloi, les deux cadets, des jumeaux, Modest et Anatole, qui se destinent, soi-disant, le premier à la magistrature, le second à la littérature, ne cessent de quémander des subsides à leur frère, de dix ans plus âgé qu'eux, le magnifique compositeur, orgueil de tous les siens. Connaissant la sensibilité quasi féminine de leur aîné, ils usent de n'importe quel prétexte pour l'attendrir. En apprenant que Modest a décidé de renoncer à ses vagues activités juridiques et journalistiques pour se consacrer, moyennant un salaire convenable, à l'éducation d'un enfant de sept ans, Kolia, sourd-muet de naissance, Pierre Tchaïkovski a été si ému qu'il en a pleuré en public. Il ne s'est calmé qu'en recevant l'assurance que le père de Kolia, un certain Kouraki, a mis tout son espoir en ce tuteur providentiel pour obtenir, à la longue, la guérison de son fils. Selon Kotek, ce dévouement de Modest à un enfant handicapé a tellement touché Tchaïkovski qu'il s'est montré prêt à pardonner toutes les erreurs passées de son jeune frère. En rapportant cet épisode familial, Kotek a lui-même la voix enrouée et le regard humide. Mais Nadejda le soupçonne d'être moins bouleversé par la sollicitude de Modest envers le petit Kolia que par la naïveté et la gentillesse de Tchaïkovski, toujours aussi désarmé et le cœur sur la main. Subitement, elle se rappelle ce que certaines mauvaises langues colportent à propos des mœurs étranges de Nicolas Rubinstein et des orgies qu'il organiserait avec certains élèves, filles et garçons, du Conservatoire. Le candide Joseph Kotek ne serait-il pas un de ceux qui en cachette, là-bas, se livrent à des jeux que la morale réprouve ? Et Pierre Tchaïkovski, qui fréquente ce milieu où l'on se permet tout sous le couvert de la liberté esthétique, ne serait-il pas entraîné par l'exemple des chercheurs de plaisirs interdits ? Mais non, un tel dévoiement se serait traduit d'une façon ou d'une autre dans la musique du maître. Et cette musique a la spontanéité, la vérité, la pureté d'un langage céleste. En douter serait aussi sacrilège que faire un pied de nez à une icône. De tout ce qu'a dit Joseph Kotek, Nadejda von Meck ne veut retenir qu'une chose : Tchaïkovski manque d'argent et a du génie, alors qu'elle n'a pas de génie mais ne sait que faire de son argent. La conclusion s'impose à elle avec une clarté aveuglante. Par amour de la musique, elle doit aider Tchaïkovski. Cette action apparemment désintéressée aura en fait un double avantage. Devenue le mécène attitré du compositeur, elle gagnera son amitié et pourra, si Dieu le veut, accéder au rôle enviable de conseillère et d'inspiratrice. En le délivrant de ses soucis journaliers, en le préservant de la laideur ambiante, en l'achetant, elle rendra service à la Russie qui manque de grands hommes et à elle-même qui a rêvé, depuis son enfance, d'une fusion intemporelle avec un être supérieur. Résolue à faire d'une pierre deux coups, elle prépare une lourde poignée de roubles-or et les enveloppe dans un billet à la suscription laconique. Ne va-t-il pas s'offusquer de cette subvention autoritaire et incongrue ? Elle tremble en attendant le résultat de son initiative. Mais, dès le lendemain, elle est rassurée. Non seulement Tchaïkovski n'est pas choqué par l'audace de son geste, mais il se déclare comblé au-delà de toute espérance.

Encouragée, elle n'a plus de scrupules et lui commande une deuxième transcription musicale qu'elle s'engage à payer comptant. Cette fois encore, il est si prompt à la satisfaire que, en recevant l'« arrangement » exécuté à son intention, elle ne sait plus si elle est la bienfaitrice ou l'obligée de Tchaïkovski. « Sans la profonde sympathie que j'ai pour vous, j'aurais peur que vous ne me gâtiez trop, lui écrit-elle le 15 février 1877. [...] Je voudrais vous dire beaucoup, beaucoup de choses à cette occasion, concernant les sentiments fantastiques que j'éprouve envers vous, mais je n'ose abuser du peu de temps libre dont vous disposez. Je dirai simplement que ce sentiment, si abstrait soit-il, m'est cher comme le plus beau, le plus élevé de tous ceux dont l'âme humaine est capable. » Bien entendu, un juste salaire accompagne cette déclaration d'amour platonique.

Vingt-quatre heures après, le destinataire réagit avec une courtoisie et une humilité qui éblouissent Nadejda : « Permettez-moi de vous remercier pour la récompense plus que généreuse de ce petit travail. [...] J'éprouve pour vous les sentiments de la plus vive sympathie. Ne prenez pas cela pour une phrase toute faite. Vous ne m'êtes pas aussi inconnue que vous pouvez le supposer. Si vous voulez bien m'honorer d'une lettre dans laquelle vous exprimerez tout ce que vous voulez me dire, je vous en serai fort reconnaissant. » Emue par cette caresse épistolaire, elle lui passe une nouvelle commande le 7 mars, en profite pour lui décrire sa mélancolie, sa quête d'un idéal inaccessible, et finit par lui demander une photographie. « Je voudrais, dit-elle, retrouver sur votre visage ces inspirations, ces sentiments sous l'influence desquels vous avez écrit cette musique qui emporte l'être humain dans le monde des sensations, des aspirations et des désirs que la vie ne peut satisfaire. [...] Je considère l'homme musicien comme l'être le plus parfait qu'ait produit la nature. [...] C'est pour cela que, dès que je me suis remise de l'impression que m'ont produite vos œuvres, j'ai eu envie de savoir quel était l'homme qui avait composé cette musique. » Après quelques hésitations, elle avoue même qu'elle s'est livrée à une petite enquête sur lui, prêtant l'oreille à tous les témoignages, suscitant les confidences les plus indiscrètes. « Je dois dire, ajoute-t-elle pour le rassurer, que souvent ce que d'autres blâmaient en vous me remplissait, au contraire, d'admiration [...]. Je suis heureuse que l'homme et le musicien soient si merveilleusement, si harmonieusement unis en vous [...]. Je suis heureuse de voir que mon idéal est réalisable, que je ne suis pas contrainte d'y renoncer, mais qu'au contraire il me devient encore plus cher et plus proche [...]. Il fut un temps, j'avais très envie de faire votre connaissance. A présent, plus je suis charmée par vous, plus je redoute une rencontre. Je crois que je serais incapable de vous parler [...]. Je préfère penser à vous de loin, vous écouter à travers votre musique, et partager en elle mes sentiments avec les vôtres. » Plus loin, elle ose lui demander d'écrire une marche funèbre à partir de certain motif qu'elle a apprécié dans son opéra *Opritchnik*.

Docile, il obéit sans tarder et, dès le 16 mars, Nadejda von Meck, triomphante, reçoit sa « Marche funèbre » accompagnée d'une lettre dont la modestie la touche. « Je ne sais si vous serez contente de la marche, et si j'ai réussi ne serait-ce qu'approximativement à me rapprocher de ce dont vous rêviez. Si ce n'est pas le cas, n'hésitez pas à me dire la vérité. Un jour, peut-être réussirai-je à écrire quelque chose de plus convenable. »

Comment résisterait-elle au zèle et à l'habileté d'un génie qui paraît si heureux de lui obéir ? Plus Nadejda admire Tchaïkovski et plus elle est fière de l'avoir à ses ordres. Mais serait-il aussi empressé à satisfaire ses caprices musicaux si elle cessait de le payer rubis sur l'ongle ? Peu importe ! Qu'elle soit à vendre ou gratuite, l'amitié d'un homme que des centaines de mélomanes acclament à chaque concert est une chance inespérée pour une femme qui ne respire à l'aise que sur les hauteurs du sentiment. Le mois suivant, refusant de s'arrêter en si bon chemin, l'insatiable Nadejda suggère à Tchaïkovski d'écrire une composition pour violon et piano qui aurait pour thème et pour titre « Le Reproche ». « Ce reproche, lui précise-t-elle le 30 avril 1877, doit être l'expression d'un état d'âme insupportable; qui peut être traduit par la phrase française : *Je n'en peux plus!* On doit y trouver un cœur brisé, une foi foulée aux pieds, des convictions offensées, un bonheur volé, tout ce qui est cher à l'être humain et qui lui a été retiré sans la moindre pitié. [...] Rien ne peut mieux traduire ces sentiments que la musique et personne ne saura mieux que vous les exprimer chez autrui, c'est pour cela que je vous remets sans hésitation mes sentiments, mes pensées et mes désirs; je suis sûre de ne pas me tromper en confiant à des mains véritablement pures tout ce que je possède de plus cher. » A-t-elle présumé de son pouvoir sur le compositeur? Cette fois Tchaïkovski se dérobe sous différents prétextes à l'offre de composer « Le Reproche ». Mais, en contrepartie, il déballe à Nadejda tout ce qu'il a sur le cœur. N'est-ce pas là un cadeau plus précieux que n'importe quelle composition de circonstance? Sans fausse honte, il admet que les secours dont Nadejda le gratifie de temps à autre lui sont plus que jamais nécessaires. « De façon générale, lui écrit-il le 1er mai

1877, il y a dans mes relations avec vous ce paramètre délicat qui fait que chaque fois que nous correspondons, le facteur argent intervient. Admettons qu'il ne soit jamais humiliant pour un artiste de recevoir la rétribution de son travail, mais une composition comme celle que vous demandez exige que j'y mette un certain état d'âme, c'est-à-dire ce qui s'appelle l'inspiration, laquelle ne se trouve pas toujours à ma disposition, et j'aurais été artistiquement malhonnête si, afin d'améliorer ma situation, je vous avais livré, abusant de mon habileté technique, du faux métal pour du vrai. »

Puis, ayant fourni cette excuse à son refus d'obtempérer, il met son amour-propre dans sa poche et implore carrément la baronne de subvenir à ses besoins actuels et futurs : « Vous êtes la seule personne au monde à qui je n'ai pas honte de demander de l'argent. D'abord, vous êtes bonne et généreuse, et puis vous êtes riche. Je voudrais pouvoir rassembler toutes mes dettes entre les mains d'un créancier magnanime et, grâce à lui, me libérer des griffes des usuriers. Si vous acceptez de me prêter la somme qui me permettrait de me débarrasser d'eux, je vous serais infiniment reconnaissant pour cet inappréciable bienfait. »

Il lui faudrait trois mille roubles au bas mot, et il promet de les rembourser en exécutant pour Nadejda von Meck des travaux d'arrangement musical ou en lui faisant verser les honoraires qu'il touchera pour les représentations de ses opéras. Ravie d'être ainsi mise à contribution et devinant qu'en accédant au souhait de Tchaïkovski elle l'attachera définitivement à sa personne, elle lui répond par retour du courrier qu'il pourra compter sur elle en toute occasion et qu'il n'a pas à se soucier de la manière dont il la remboursera le moment venu. Ce sublime désintéressement lui vaut une réponse immédiate de Tchaïkovski : « Grâce à vous, je pourrai commencer à mener une vie paisible et cela devrait se refléter positivement sur mes activités musicales. »

Au terme de cet échange de lettres, les deux correspondants sont aussi satisfaits l'un de l'autre que s'ils avaient conclu ensemble une bonne affaire. Ayant assuré l'avenir de Tchaïkovski sur le plan musical, la baronne Nadejda von Meck a l'impression d'avoir en même temps assuré le sien sur le plan moral. Non contente de l'aider « au coup par coup » selon le rythme irrégulier de ses appels au secours, elle s'engage bientôt à lui servir une pension permanente pour le mettre à l'abri des différents tracas dont souffre le vulgaire. « Je prends en charge tous les aspects de votre vie, lui écrira-t-elle, le 12 février 1878. Fussiez-vous à l'étranger, en Russie, à Moscou, ma sollicitude durera toujours telle qu'elle est à présent, d'autant plus que je suis sûre de ma longévité. Pour que le talent puisse aller de l'avant et connaître l'inspiration, il est indispensable d'être délivré des aspects matériels de la vie. »

Tout en constituant cette rente sur la tête de Tchaïkovski, elle continue à se tenir au courant de l'activité musicale et des préoccupations sentimentales du bénéficiaire de ses largesses. Ainsi le suit-elle par la pensée à Kamenka, propriété de sa sœur Alexandra, où il achève l'ouverture de sa *Quatrième Symphonie* et de son opéra *Eugène Onéguine*, inspiré par le fameux poème de Pouchkine. Cette dernière entreprise inquiète Nadejda. Elle n'aime guère l'œuvre de Pouchkine, évocation, à son avis, d'une Russie désuète, engourdie dans les préjugés, les traditions et la fausse sentimentalité romantique. En outre, elle est hostile à tous les spectacles d'opéra, leur reprochant de capter l'attention du public par l'intrigue, le décors, les costumes, le jeu des acteurs, au lieu de laisser le champ libre au seul miracle de la musique. Elle redoute pour Tchaïkovski, sans oser le lui dire ouvertement, l'épreuve trop souvent cruelle de la scène. Mais ce qui demeure son obsession quotidienne, c'est ce qui se passe dans la vie intime de son idole. Là-dessus, même Joseph Kotek ne peut assouvir sa soif d'informations. Elle a eu beau écrire l'année précédente à Tchaïkovski : « Je suis tellement curieuse de tout savoir sur vous que je puis dire presque à chaque moment où vous êtes et ce que vous êtes en train de faire [1] », elle avoue aujourd'hui que l'essentiel de cet homme lui échappe. Etrange duo à distance. Chacun des deux protagonistes de cette passion désincarnée voyage de ville en ville, en Russie et à travers l'Europe. Ils se confessent et s'aiment, la plume à la main, de Florence à Paris, de Vienne à Venise, sans jamais se lasser l'un de l'autre. Dans leurs lettres, les considérations élevées sur l'art, sur la religion ou sur la politique du gouvernement alternent avec des jugements contradictoires sur tel ou tel chef d'orchestre. Leurs opinions diffèrent quand il s'agit d'apprécier Mozart ou Brahms ou Wagner ou Berlioz. Chacun défend sa préférence avec une ardeur

1. Lettre du 7 mars 1877.

agressive. Dans cette joute épistolaire, Nadejda fait preuve d'une compétence qui émerveille Tchaïkovski. Elle n'est pas seulement assoiffée de grande musique, elle baigne avec ivresse dans le petit univers musical, commente les potins de la confrérie des concertistes, s'indigne d'une attitude insolente de Rubinstein ou d'un article réticent sur Tchaïkovski. La vie de Nadejda est tantôt une symphonie divine, tantôt une cacophonie insupportable, mais jamais un profond silence. C'est pour être initiée à la singulière alchimie de la création qu'elle voudrait entrer dans la tête et dans le cœur de Tchaïkovski. Or, plus il se montre prolixe dans l'évocation de ses projets musicaux, de sa vie à Venise ou à Moscou, de ses promenades solitaires, des aventures de son frère Anatole ou de son frère Modest, de ses crises nerveuses à la venue du soir et de ses angoisses de compositeur en mal d'inspiration, et moins elle se sent associée au secret de son génie. Un voile de brume déforme sa vision. Elle est proche de la serrure, mais il lui manque la clef. Certains soirs, agacée par la vanité de ce jeu de cache-cache, elle n'a même plus le courage de s'asseoir devant son piano pour se consoler par la musique, car la musique c'est encore Tchaïkovski et son mystère.

D'ailleurs, tout se tient, songe-t-elle, dans ses relations avec ce personnage hors du commun. De même qu'elle s'avoue incapable de pénétrer profondément la personnalité de Tchaïkovski, de même elle doit convenir qu'en dépit de toutes ses connaissances musicales elle n'est pas de taille à composer la plus innocente sonate. Impuissante à conquérir une âme qui se dérobe comme à concevoir une de ces mélodies qui enchantent sa solitude, elle s'insurge contre sa double infirmité. Qu'a-t-elle fait au ciel pour être condamnée à une compétence stérile en matière de musique et à des élans inquiets et superficiels en matière d'amitié ? Assez savante pour discuter interminablement, dans les lettres qu'elle échange avec Tchaïkovski, de contrepoint ou d'harmonie, pourquoi faut-il qu'elle soit exclue des grandes aventures de la création ? C'est pour elle aussi agaçant, aussi frustrant, que de piétiner pendant des heures à la porte d'un musée fermé pour cause de travaux. Après s'être révoltée contre son triste sort d'amateur éclairé dont la science et la patience ne suffisent pas pour enfanter la moindre mélodie, elle se console tant bien que mal en relisant les lettres enflammées de celui qu'elle paie pour avoir du génie à sa place.

III

Enfin des nouvelles de lui ! Il y a des semaines que Nadejda dépérit dans l'expectative. En reconnaissant l'écriture du bien-aimé sur l'enveloppe, elle se prépare à une flambée de bonheur. La lettre, postée à Moscou, est datée du 3 juillet 1877. La baronne lit les premières lignes, et d'emblée sa joyeuse impatience se change en stupeur, puis en consternation : « Très respectable Nadejda Philaretovna, [...] pour l'amour de Dieu pardonnez-moi de ne pas vous avoir écrit plus tôt. Voici la brève histoire de tout ce qui m'est arrivé ces temps-ci. Je dois vous dire tout d'abord que je me suis fiancé dans les derniers jours du mois de mai. Voici comment ça s'est passé. Quelque temps auparavant, j'ai reçu la lettre d'une jeune fille que je connaissais et que j'avais déjà rencontrée. Cette lettre m'apprit qu'elle était depuis longtemps amoureuse de moi. L'aveu était rédigé avec tant de spontanéité et de chaleur que je décidai d'y répondre, ce que j'avais toujours refusé de faire dans des cas semblables. Bien que ma réponse ne donnât aucun espoir de réciprocité à ma correspondante, il s'ensuivit entre nous un échange régulier de lettres. Je ne vais pas vous raconter les détails de l'affaire, mais le résultat fut que j'acceptai d'aller la voir comme elle me le demandait. Pourquoi ai-je fait cela ? Il me semble aujourd'hui qu'une force fatidique me poussait vers cette jeune fille. Lors du rendez-vous, je lui expliquai à nouveau que je n'éprouvais rien à son égard en dehors de la sympathie et de la gratitude pour l'amour qu'elle me témoignait. Mais, après l'avoir quittée, je me suis mis à réfléchir à la légèreté de mon comportement. Si je ne l'aime pas et si je ne veux pas encourager ses sentiments, pourquoi suis-je allé la voir et comment tout cela se terminera-t-il ? De la lettre qu'elle m'adressa ensuite, je conclus que si, après être allé aussi loin, je me détournais brusquement de cette jeune fille, je la rendrais réellement malheureuse, ce qui pourrait provoquer une fin tragique. Je me suis retrouvé ainsi devant une alternative difficile : soit conserver ma liberté au prix de la mort de cette jeune fille (le mot "mort" n'étant nullement excessif en l'occurrence, car elle a à mon égard un amour sans bornes), soit me marier. Je ne pouvais pas ne pas choisir la seconde solution. Ce qui m'a confirmé dans cette décision, c'est que mon vieux père, âgé de quatre-vingt-deux ans, et tous mes proches, rêvent de me voir marié. Donc, un beau soir, je suis allé voir ma future épouse et lui ai déclaré franchement que je ne l'aimais pas, mais qu'en tout état de cause je serais pour elle un ami dévoué et reconnaissant; je lui fis une description détaillée de mon caractère : mon irritabilité, l'instabilité de mon humeur, mon tempérament social, et enfin les conditions matérielles de mon existence. Après cela, je lui demandai si elle désirait devenir mon épouse. La réponse fut naturellement affirmative. »

Arrivée à cette phrase capitale, Nadejda est partagée entre la colère, la tristesse et la honte. Elle se sent à la fois trahie par un homme qu'elle croyait avoir entièrement captivé et attendrie par cette naïveté et cette vulnérabilité très masculines devant les soupirs d'une quelconque péronnelle. Ayant recouvré ses esprits, elle poursuit sa lecture avec plus d'indulgence, mais sans se résigner encore à l'inévitable. « Je ne puis vous exprimer les sentiments affreux par lesquels je suis passé pendant les premiers jours qui ont suivi cette soirée, écrit encore Tchaïkovski. Cela se comprend. Avoir vécu jusqu'à trente-sept ans dans une antipathie viscérale pour le mariage et se retrouver par la force des circonstances dans la situation d'un fiancé, de surcroît nullement épris de sa future épouse, est une épreuve bien pénible. Il faut modifier complètement son mode de vie, il faut veiller à la tranquillité et au bien-être de la personne à laquelle on s'est lié; et, pour un célibataire endurci dans son égoïsme, la chose est malaisée. Afin de me faire à cette idée et de m'habituer à envisager mon avenir avec sérénité, je décidai de ne pas modifier mon plan initial et de partir tout de même pour un mois à la campagne. C'est ce que je fis. La douce vie rurale dans un cercle de gens très sympathiques et au milieu d'une nature superbe a eu sur moi un effet on ne peut plus salutaire. Je résolus de ne pas échapper à mon sort et de voir dans ma rencontre avec cette jeune fille le résultat d'une prédestination. De plus, je sais par expérience que très souvent des événements qui nous effraient au premier abord se révèlent ensuite bénéfiques, et que, au contraire, on peut être déçu par les conséquences de certaines dispositions dont on se promettait beaucoup de bien-être et de bonheur. Advienne que pourra! A présent je voudrais vous dire quelques mots de ma future épouse. »

En lisant cette promesse de description, Nadejda se met sur ses gardes. La voici face à face avec « sa rivale ». A chaque mot, la silhouette de l'inconnue se précise. « Elle s'appelle Antonina Ivanovna Milioukova [Ania pour les intimes], indique Tchaïkovski. Elle a vingt-huit ans. Elle est assez jolie. Sa réputation est irréprochable. Par goût de l'indépendance, elle a vécu de son travail, bien qu'elle ait une mère qui l'aime tendrement. Elle est très pauvre, d'une instruction qui n'a pas dépassé le niveau moyen (elle a fait ses études à l'Institut Elisabeth). Selon toute évidence elle est d'une grande bonté et capable d'un attachement inconditionnel. Notre mariage aura lieu dans les prochains jours. Je ne sais ce qui arrivera ensuite. Mais je doute de pouvoir aller me soigner. Il va falloir s'occuper de l'aménagement de notre appartement. »

Etourdie par cette avalanche d'informations déconcertantes, c'est dans une sorte d'hébétude que Nadejda parcourt la suite de la lettre. Tchaïkovski y parle encore de son opéra *Eugène Onéguine*, du génie de Pouchkine qu'il défend contre la critique de Nadejda, de la symphonie dont elle est la dédicataire et de l'indéfectible gratitude qu'il a pour ses nombreuses « bontés ». Heureusement la dernière page rachète les nombreuses avanies prodiguées dans les premières. « Comme je serais heureux, dit-il, de pouvoir vous démontrer un jour, non en paroles mais en actions, toute la dimension de ma reconnaissance et de mon amour pour vous ! Malheureusement, je n'ai qu'un seul moyen pour cela, mon œuvre musicale. » Dans un sursaut de méfiance, Nadejda se dit que Tchaïkovski est en train de sucrer le gâteau amer qu'il vient de lui servir afin qu'elle l'avale sans trop sourciller. Elle lui en voudrait presque de cette protestation tardive d'amour et de dévouement. Mais déjà il revient avec franchise à son principal souci : « Adieu, ma très chère et excellente amie. Souhaitez-moi de ne pas me laisser abattre par les changements qui vont intervenir dans ma vie [...]. Si je me marie sans amour, c'est parce que les circonstances ont fait que je ne pouvais agir autrement. [...] Ayant encouragé ses sentiments par des réponses et par une visite, je me devais d'agir comme je l'ai fait. En tout cas, je le répète, j'ai la conscience tranquille : je ne lui ai pas menti et je ne l'ai pas trompée. Je lui ai dit ce qu'elle pouvait attendre de moi et ce sur quoi elle ne devait pas compter. Je vous prie de ne faire connaître à personne les circonstances qui m'ont amené à me marier. Personne n'est au courant en dehors de vous. »

Ne sachant plus qui croire ni à quoi se raccrocher après cette déception foudroyante, Nadejda passe la nuit à se morfondre et à se révolter tour à tour, avant de conclure qu'aucun amour n'est éternel et que Tchaïkovski lui reviendra toujours, non parce qu'elle l'entretient, non parce qu'elle l'aime, mais parce qu'il aime la musique et que Nadejda est à ses yeux une musique à visage de femme. D'ailleurs à quel titre lui reprocherait-elle sa trahison ? Est-elle son épouse, sa sœur, sa mère pour s'indigner de sa conduite ? Tout au plus peut-elle, en tant que mélomane, se plaindre à lui d'une fausse note dans l'exécution du morceau. Mais, à la réflexion, cette légère critique lui paraît encore trop entachée d'un reste de rancune qu'elle voudrait dominer par orgueil. Bien qu'elle soit plus superstitieuse que religieuse, c'est la solution chrétienne qu'elle choisit pour mieux préserver l'avenir de ses relations avec ce fou de Tchaïkovski. Laissant passer le mariage, qui est célébré le 6 juillet 1877 en l'église Saint-Georges, à Moscou, elle écrit à Tchaïkovski, le

19 juillet, avec une sérénité angélique : « En recevant votre dernière lettre, je me suis comme toujours réjouie, mais dès que j'ai commencé à la lire, mon cœur s'est serré de compassion et d'angoisse à votre sujet, mon cher, mon admirable ami. Pourquoi vous attrister et vous torturer ainsi ? Il est facile de remédier à ce genre de chagrin et il ne vaut pas la peine qu'on se tourmente à son propos. Partez donc pour vous soigner, jouissez de la nature, du calme ambiant, de votre bonheur et souvenez-vous de moi, de temps à autre [...]. Soyez joyeux et heureux. N'oubliez pas celle qui vous aime de toute son âme. Nadejda von Meck. »

Sans doute a-t-il craint que l'annonce de ses fiançailles n'incite la baronne à rompre toute relation avec lui et ne tarisse, par voie de conséquence, la source principale de ses revenus, car il se confond en remerciements pour la compréhension dont elle vient de faire preuve et lui affirme que, si elle avait tardé à lui répondre, il serait devenu « fou de désespoir ». Dans l'immédiat, il doit partir avec sa femme et sa belle-mère passer l'été dans une maisonnette que celle-ci possède aux environs de Moscou. Mais que Nadejda se rassure. Tout au long de ses journées, il pensera à elle et il ne manquera pas de lui raconter par le menu sa première expérience d'homme marié. Ainsi, sans l'avoir voulu, Nadejda se voit conviée à être le témoin invisible des démêlés conjugaux du couple. Tchaïkovski, qu'elle a toujours placé au-dessus du commun des mortels, va-t-il se révéler lui aussi comme un vulgaire amateur de chair fraîche ? La musique ne suffira-t-elle pas à le protéger contre les vils appétits du sexe ? Lui qu'elle croyait unique, ne vaudrait-il pas mieux que les autres? Elle n'a pas longtemps à se poser ces questions : dès le 23 juillet 1877, il lui envoie de Kiev un long message désespéré : « Nadejda Philipovna, voici un bref compte rendu de tout ce que j'ai vécu depuis le 6 juillet, c'est-à-dire depuis le jour de mon mariage. Comme je vous l'ai déjà écrit, je ne me suis pas marié pour obéir à un mouvement de mon cœur mais par un étrange concours de circonstances que je n'arrive pas à m'expliquer. [...] Aussitôt que la cérémonie a été achevée et que je me suis retrouvé seul à seul avec mon épouse et avec la conscience que désormais notre destin serait d'être inséparablement unis l'un à l'autre, je sentis soudain qu'elle ne m'inspirait même pas un élan de simple amitié mais qu'elle m'était odieuse dans toute l'acception du terme. J'eus l'impression que, sinon moi, du moins la seule partie valable de mon moi, c'est-à-dire la musicalité, était perdue à jamais. Mon avenir m'apparaissait comme un état pitoyablement végétatif et comme la plus insupportable et la plus pénible des comédies. »

En lisant l'aveu de cette répulsion physique et morale envers une créature qui a voulu s'offrir un grand homme par pure gloriole, Nadejda von Meck savoure le vin de la vengeance. L'intruse, pense-t-elle, est démasquée et à demi répudiée. Ce qu'elle a tant redouté, l'arrivée d'une « vraie femme » dans la vie de Tchaïkovski et la dilution de son génie dans un bonheur conjugal nouveau, tout cela n'était donc qu'un cauchemar. Elle a craint d'être éliminée dans le jeu des chaises musicales et c'est l'autre qui n'a plus où poser son joli derrière. Nadejda en rirait presque. Mais comment Tchaïkovski supportera-t-il le choc de cette nécessaire désillusion ! En parcourant les lignes suivantes, Nadejda prend peur devant la profondeur du chagrin qu'il évoque. « Mon épouse n'est nullement coupable envers moi, écrit-il, elle ne m'a pas obligé à m'unir à elle par les liens du mariage. Par conséquent il aurait été lâche et cruel de lui faire sentir que je ne l'aime pas et que je la considère comme un fardeau insupportable.

Il ne me reste qu'à donner le change. Mais donner le change toute sa vie durant, c'est le plus terrible des supplices. Et comment peut-on, dans ces conditions, penser au travail ? Je suis tombé dans un désespoir d'autant plus terrible qu'il n'y avait personne auprès de moi pour me secourir. Je me suis mis à désirer ardemment la mort. Mais j'ai la faiblesse (si on peut appeler cela une faiblesse) d'aimer la vie, d'aimer mon travail et mes futurs succès. Enfin je n'ai pas encore dit tout ce que je veux dire avant de me transporter dans l'éternité. »

Nadejda respire, le plus grand péril est écarté. Reste la petite cuisine d'un couple désuni, qui cherche à sauver les apparences. Après un bref voyage à Saint-Pétersbourg, Ania a voulu emmener son mari chez sa mère. « Je ne sais comment j'ai fait pour ne pas devenir fou, se lamente Tchaïkovski. La mère et tout l'entourage de la famille dans laquelle j'étais entré m'étaient antipathiques. Leur cercle d'intérêts est restreint, leur mentalité est effarante, et ils sont tous à couteaux tirés entre eux ; et en outre, mon épouse (j'admets que je suis peut-être injuste) me devenait de plus en plus odieuse d'heure en heure. Il m'est impossible de vous exprimer, chère Nadejda Philaretovna, le degré qu'ont atteint mes tourments moraux. » Plus loin, il avoue que, pour se changer les idées, il a dû chercher refuge dans la boisson, mais sans excès, que l'affection vigilante de Kotek l'aide à supporter l'humeur extravagante de son épouse, qu'il est encore très faible, « comme une femme qui récupère après une forte fièvre »; qu'il plaint Ania qui a beaucoup de qualités malgré sa maladresse. Au terme de cette longue litanie de doléances, Nadejda a droit à un hommage qui l'enchante : « Je brûle de reconnaissance envers l'âme inestimable qui est en train de me sauver [...]. Mon cœur est plein de vous et n'aspire qu'à s'épancher en musique. Qui sait ? Peut-être laisserai-je après moi quelque chose qui sera véritablement digne de la gloire d'un artiste de premier ordre [...]. Nadejda Philaretovna, je vous bénis pour tout ce que vous avez fait pour moi. »

Consciente d'avoir retrouvé « *son* » Tchaïkovski après une terrible alerte, Nadejda ne songe plus qu'au meilleur moyen d'assurer sa supériorité sur la pécore effrontée qui a failli le lui voler.

En apprenant qu'il se trouve maintenant à Kamenka, dans la province de Kiev, chez sa sœur, en compagnie de ses deux frères cadets et sans sa femme, elle exulte. Pour prendre patience en attendant une séparation définitive du ménage qu'elle n'ose espérer, elle relit pour la dixième fois une phrase de la lettre de Tchaïkovski en date du 8 juillet dernier. Parlant de cette Ania qu'il a tout juste épousée, il écrivait : « Je sentis soudain qu'elle ne m'inspirait même pas un élan de simple amitié mais qu'elle m'était odieuse dans toute l'acception du terme. » Sur le moment, Nadejda s'était réjouie de l'aveu d'une telle aversion de Tchaïkovski envers « l'intruse ». Elle y avait vu la confirmation d'une merveilleuse ressemblance entre le tempérament du compositeur et le sien. Pour lui comme pour elle, l'amour de la musique interdisait tout amour terrestre. Or voici qu'un léger doute s'insinue en elle. Elle se demande s'il est normal qu'un homme de trente-sept ans, fût-il musicien, éprouve une irrésistible répugnance physique devant une épouse de vingt-huit ans décidée à le séduire ? N'y a-t-il pas là le signe d'un certain dérèglement dans la condition masculine ? Tchaïkovski ne cherche-t-il pas ailleurs des satisfactions qu'une femme est incapable de lui donner ? Avec un mélange d'appréhension et de sympathie, Nadejda se souvient des bruits qui circulaient à Moscou sur les mœurs équivoques de certains élèves de Nicolas Rubinstein au Conservatoire. Elle repense à la vive affection de Tchaïkovski pour le charmant Kotek, à son intérêt pour d'autres garçons de son entourage. Mais elle repousse aussitôt l'idée d'une quelconque perversion chez un être habitué à l'air pur des plus hautes cimes de l'art. D'ailleurs, une nouvelle lettre de lui, qu'elle reçoit alors qu'elle se trouve à Braïlov, la rassure sur l'« équilibre normal » du compositeur. « Je vous en prie, lui écrit-il le 11 août 1877, excusez-moi de vous avoir causé du tourment et de l'inquiétude. Je crois fermement, à présent, que je sortirai victorieux de cette situation pénible et délicate. Il me faudra vaincre mes sentiments d'hostilité à l'égard de ma femme et apprécier à leur juste valeur ses bons côtés. [...] Je me suis à un tel point rétabli que j'ai commencé, ces jours-ci, l'instrumentation de *votre* symphonie. » Le lendemain, nouvelle lettre de Tchaïkovski plus optimiste encore. « Vous avez tout à fait raison, chère Nadejda Philaretovna, en disant qu'il y a des circonstances dans la vie où il faut s'armer de courage, tout endurer et se procurer artificiellement ne serait-ce qu'une ombre de bonheur. J'ai toujours rêvé de travailler jusqu'à la limite de mes forces et, ensuite, ayant acquis la certitude qu'il m'est impossible d'aller plus loin sur ma route, de m'éclipser et, de loin, du fond de mon trou, d'observer l'agitation des gens dans leur fourmilière. [...] A présent, j'ai renoncé à l'espoir de ce dernier refuge. [...] Mes nouveaux liens m'emprisonnent dans l'arène de la vie. Il me reste, comme vous me le conseillez, à hausser les épaules et à tâcher d'être heureux dans mon art. »

Tranquillisée sur la fermeté d'âme avec laquelle Tchaïkovski envisage la faillite de son mariage, Nadejda von Meck quitte son domaine de Braïlov pour un de ses habituels voyages à travers l'Europe. Ces déplacements somptueux sont pour elle l'occasion de changer provisoirement de vie, d'horizon et presque de nationalité, alors que les personnes moins fortunées sont condamnées à l'immobilité tels des paralytiques dans leur fauteuil. Rien ne la rajeunit comme l'idée de fuir, d'oublier, de couper les ponts. Cependant, même à Vienne elle se préoccupe des sautes d'humeur de son génial protégé, l'interroge sur son opéra, *Eugène Onéguine*, auquel il travaille d'arrache-pied, l'assure qu'elle ne s'aveugle pas en le considérant comme un être surnaturel et que chaque lettre de lui représente la bouffée d'oxygène dont elle a besoin au milieu d'une humanité nauséabonde. Quelques jours plus tard, arrivée à Bellagio, sur le lac de Côme, elle réitère ses déclarations d'amour platonique, affirme que, en contemplant ces eaux calmes, limpides, ces montagnes enveloppées de brume, ces cyprès, ces myrtes sous sa fenêtre, c'est sa musique à lui qu'elle entend. Des lettres de Tchaïkovski l'attendent à Florence, à Naples, à Venise où elle grelotte de froid. Mais elle n'en admire pas moins cette ville féerique qui repose sur l'onde comme sur un rêve de silence et de souvenirs. Elle conseille même à Tchaïkovski de venir sur-le-champ en Italie. Non pour la rejoindre, car elle tient par-dessus tout à rester pour lui aussi immatérielle et évanescente qu'une musique, mais pour admirer sans elle les paysages qu'elle a admirés sans lui. Elle compte revenir le 15 octobre à Moscou. Pourquoi ne prendrait-il pas « le relais » en se rendant vers la même date à Naples en son absence ?

Habituée à organiser la vie des autres en même temps que la sienne, elle ne doute pas d'être obéie. La seule question qui la préoccupe est de savoir si Tchaïkovski fera ce voyage seul ou avec son épouse. Ne recevant aucune réponse, elle rentre à Moscou et avise dans son courrier une lettre de Tchaïkovski, postée en Suisse, à Clarens, le 11 octobre 1877. Décachetant l'enveloppe, elle s'attend à découvrir une nouvelle péripétie de cet interminable feuilleton matrimonial. Elle ne se trompe pas.

IV

Nadejda von Meck a beau tenter de se représenter les souffrances de Tchaïkovski, livré pieds et poings liés à une épouse qu'il ne peut ni estimer, ni désirer : ce qu'il en dit dans sa lettre dépasse tout ce qu'elle a imaginé ! Après s'être évertué vainement à accepter la présence dans sa maison de cette femme dont la seule vue le hérisse, il décide que le suicide est « l'unique issue raisonnable à son désespoir ». Mais un télégramme providentiel l'ayant appelé à Saint-Pétersbourg où l'on doit reprendre son opéra *Vakoula*, médiocrement accueilli lors de sa création, il s'y précipite, tout heureux d'être délivré pour un temps d'Antonina Ivanovna à qui il n'a cependant rien de précis à reprocher. A sa descente du train, il est accueilli par son frère Anatole avec tant d'effusion qu'il ne peut se dominer et lui conte par le menu l'existence de mensonge et de lâcheté qui est la sienne depuis son mariage. A la suite de cette confidence déchirante, il subit une crise de nerfs et demeure inconscient, prostré durant quelques jours. Ce malaise soudain inquiète tellement Anatole que, sans consulter personne, il prend une décision énergique. Quand son frère est revenu à lui, il le laisse aux mains des médecins, se rend à Moscou, rencontre Antonina, la convainc de souscrire à un arrangement honorable, et obtient de Nicolas Rubinstein qu'il répande le bruit d'une indisposition momentanée de Tchaïkovski, nécessitant l'interruption de ses cours au Conservatoire. Il est convenu que, sous le prétexte d'imposer une cure de repos au malade, Anatole emmènera son frère à l'étranger pendant qu'Antonina se rendra seule à Odessa. Cette solution aura l'avantage de permettre aux deux conjoints de réfléchir, chacun de son côté, à l'avenir de leur couple et d'éviter le scandale d'une rupture abrupte après à peine trois mois de vie commune. Arrivé à Clarens, Tchaïkovski a le sentiment d'entamer sa convalescence. « A présent, écrit-il à Nadejda, je me trouve au milieu d'une nature admirable, mais dans une affreuse situation morale. Qu'arrivera-t-il par la suite ? Il est probable que je ne pourrai pas revenir à Moscou. Je ne veux voir personne, j'ai peur de tout le monde et, en outre, je suis incapable de travailler. D'ailleurs, il n'y a pas un endroit en Russie où j'aie la possibilité de me réfugier. Je redoute même de me rendre à Kamenka. Hormis la famille de ma sœur, qui est déjà mère d'une grande fille, il y a là-bas la nombreuse famille de sa belle-mère, ses frères et beaucoup d'autres gens. Quel regard porteront-ils sur moi ? Et que vais-je leur dire ? D'ailleurs, je ne puis supporter de parler à qui que ce soit ni de quoi que ce soit ! »

Subitement, sous les yeux de Nadejda, la complainte épistolaire s'arrête pour céder la place à des considérations pratiques : « J'ai besoin de passer quelque temps ici [à Clarens], afin de me tranquilliser et de faire qu'on m'oublie un peu. J'ai besoin également de me débrouiller pour que ma femme ne manque de rien et de déterminer la nature de mes futures relations avec elle. Enfin, j'ai de nouveau besoin d'argent et, de nouveau, je ne puis m'adresser à personne d'autre que vous. Tout cela est horrible, tout cela est douloureux et m'afflige jusqu'aux larmes, mais je dois m'y résoudre. Il faut que j'aie, une fois de plus, recours à votre intarissable bonté. Pour m'amener ici, mon frère [Anatole] a pu obtenir que ma sœur [Alexandra] lui envoie télégraphiquement une petite somme. Toutefois, ni l'un ni l'autre ne sont riches. Les solliciter de nouveau est impossible. Et néanmoins il faut que je laisse assez d'argent à ma femme pour différentes dépenses [...]. N'est-il pas étrange que le hasard m'ait fait vous rencontrer alors que, après une longue série d'extravagances, je me vois contraint de m'adresser à vous pour la troisième fois, avec une demande de secours ? Oh ! si vous saviez combien tout cela me torture et me blesse [...]. Je suis trop énervé et troublé en ce moment pour vous écrire posément. J'ai l'impression que tout le monde va me mépriser pour mon manque de courage, ma faiblesse, ma sottise. J'ai une peur mortelle que vous aussi n'éprouviez à mon égard, de manière furtive, un sentiment proche du mépris. »

Or, cette demande d'argent, loin d'inciter Nadejda à traiter Tchaïkovski en parasite honteux, toujours prêt à lui soutirer quelques roubles, lui redonne soudain confiance en son pouvoir de domination. Peu lui importe qu'une partie des subsides qu'elle lui allouera serve, par ricochet, à l'entretien de sa calamiteuse épouse. L'essentiel n'est-il pas qu'il reconnaisse à quel point il a besoin de sa bienfaitrice pour vivre ? Ne doit-elle pas s'enorgueillir d'être à ce point nécessaire à un génie, autant pour garantir son confort matériel que pour continuer avec lui, par lettres, un échange intellectuel où leur mutuelle passion de la musique s'épanouit en toute liberté. Maintenant, il est évident pour Nadejda que le gouffre d'incompréhension qui sépare Tchaïkovski de l'insignifiante Antonina Ivanovna lui rend plus précieuse encore l'harmonie qui règne dans sa correspondance avec l'invisible, l'insaisissable baronne. Le cœur en fête, elle décide, une fois pour toutes, qu'en lui donnant l'argent dont il a besoin pour subsister c'est à elle-même qu'elle fait un superbe cadeau. Répondant le 17 octobre à sa lettre de Clarens, elle le félicite de s'être momentanément éloigné de sa femme et d'échapper ainsi à une situation « de faux-semblant et de mensonge qui n'est pas dans sa nature et qui est indigne de [lui] ». Toutes les humiliations, tous les chagrins qu'il a endurés, elle affirme les avoir ressentis elle-même à distance. Quant aux soucis pécuniaires de son correspondant, elle le rassure aussitôt : « Pourquoi m'inquiétez-vous et vous tourmentez-vous avec des questions matérielles ? Ne suis-je pas quelqu'un qui vous est très proche ? Vous savez pourtant comme je vous aime, comme je souhaite votre bonheur ! A mon avis ce ne sont pas les liens du sang, la parenté physique qui détermine le droit de chacun, mais les rapports sentimentaux et moraux entre les individus. Vous n'ignorez pas combien de minutes heureuses vous m'avez procurées, combien je vous suis reconnaissante pour ces instants, combien vous m'êtes indispensable, combien j'ai besoin que vous soyez exactement conforme à ce que vous avez créé. En conséquence, je ne fais rien pour vous et tout ce que je fais, c'est pour moi-même. En vous souciant de ces questions, vous gâchez le plaisir que j'éprouve à m'occuper de vous. Si moi j'avais besoin de quelque chose venant de votre part, vous le feriez, n'est-ce pas ? Donc, nous sommes quittes. »

Sur le point d'achever sa lettre à Tchaïkovski, Nadejda exprime une dernière requête. Elle lui demande instamment de garder le secret au sujet de leur correspondance. « Je ne sais ce que vous en pensez, cher Pierre Illitch, mais je ne voudrais pas que quelqu'un d'autre soit au courant de notre amitié et de nos relations. Aussi, quand je parle de vous avec Nicolas Grigorovitch [Rubinstein], je le fais comme si vous m'étiez totalement étranger. »

Mais si elle exige une totale discrétion de Tchaïkovski en ce qui concerne leurs rapports épistolaires, elle le prie de n'en avoir aucune quand il s'agit de sa femme. Comme elle ne l'a jamais vue, il lui est difficile de l'imaginer. Ne peut-il la lui décrire en quelques mots ? Docile, Tchaïkovski lui répond le 25 octobre 1877 : « Vous me demandez de vous tracer le portrait de ma femme. Je le fais volontiers, bien que j'aie peur qu'il ne soit pas assez objectif. La blessure en moi est encore trop fraîche. Ma femme est de taille moyenne, blonde, de complexion plutôt disgracieuse, mais avec, sur le visage, cette sorte de joliesse qu'on qualifie parfois de provocante. Ses yeux sont d'une jolie couleur, mais inexpressifs, ses lèvres sont trop minces, ce qui fait que son sourire n'est guère attrayant. Elle a le teint rose [...]. Elle a vingt-neuf ans mais elle en paraît vingt-trois ou vingt-quatre [...]. Elle ne fait pas un mouvement, pas un geste qui ne soit affecté [...]. Ni dans les expressions de sa figure, ni dans ses attitudes, ne se manifeste cette beauté indéfinissable qui ne s'acquiert pas [...]. En ma femme on devine constamment le besoin de plaire. [...] A présent, abordant ses caractéristiques morales et intellectuelles, j'éprouve une gêne insurmontable à les définir [...]. Il est vrai qu'elle s'est montrée tendre avec moi. Mais il s'agissait d'une tendresse superficielle faite de continuelles embrassades et câlineries, tout cela dans le moment même où j'étais incapable de lui dissimuler l'antipathie peut-être excessive et imméritée qu'elle m'inspirait et qui s'accentuait au fur et à mesure. Je devinais que derrière ses caresses il n'y avait aucun sentiment véritable. C'était quelque chose de conventionnel, sans doute indispensable à ses yeux, une sorte de certificat de vie conjugale. Elle n'a pas exprimé une seule fois le désir de savoir ce que je faisais, en quoi consistaient mes occupations, quels étaient mes projets, ce que je lisais, ce que j'aimais dans les domaines de la pensée et de l'art. Ce qui me surprenait le plus [...] c'était qu'elle affirmait avoir été amoureuse de moi pendant quatre ans et qu'elle avait une certaine culture musicale. Comment expliquer que, dans ces conditions, elle ne connût pas une seule note de mes œuvres ? [...] Vous vous demandez évidemment de quelle façon nous passions notre temps quand nous nous retrouvions tête à tête. Elle est très bavarde mais sa conversation se ramenait à quelques thèmes invariables. Le plus souvent elle m'imposait l'énumération des nombreux hommes qui avaient nourri de tendres sentiments à son égard. C'étaient presque toujours des généraux, des neveux de banquiers opulents, des artistes renommés et même des membres de la famille impériale. En outre, elle me racontait fréquemment, avec une espèce d'inexprimable jouissance, les péchés, les plaisirs cruels et dégradants, la conduite abominable des proches parents avec qui elle était fâchée à mort. Celle qui avait droit aux plus violents reproches était d'ailleurs sa mère. [...] A présent, j'ai la conviction inébranlable qu'elle ne m'a jamais aimé ! Mais, je le répète, elle a fait tout ce qu'elle a pu pour m'attacher à elle. Hélas ! plus elle s'appliquait à ces manœuvres et plus je m'éloignais d'elle. [...] Mon aversion pour elle grandissait de jour en jour, d'heure en heure, de minute en minute et se transformait peu à peu en une haine énorme et sauvage, telle que je n'en avais jamais connu auparavant ; je n'aurais d'ailleurs jamais cru en être capable. »

L'aveu du dégoût féroce de Tchaïkovski envers son épouse réjouit d'abord Nadejda. Pendant quelques instants, elle baigne dans une félicité de revanche féminine. L'insulte infligée naguère à son amour-propre se trouve vengée au-delà même de son espérance. Mais aussitôt après, elle est saisie d'angoisse. Dans l'état d'exaspération où Antonina Ivanovna a plongé son mari, ne va-t-il pas, perdant la tête, se livrer aux pires violences sur la malheureuse ? Un dénouement aussi brutal provoquerait sans nul doute l'intervention de la police et entraînerait dans le public le discrédit du grand compositeur national. Déjà, dans son affolement, Nadejda voit son héros traîné devant les tribunaux, accusé de voies de fait contre sa femme et appelant la baronne von Meck comme témoin de moralité. Heureusement, la suite de cette « missive-confession » est moins inquiétante. Tchaïkovski raconte que le brave Anatole a reçu d'Antonina une lettre insensée dans laquelle, renonçant à son attitude de souriante candeur, elle apparaît sous son vrai visage, une intrigante calculatrice et agressive. Désireux de régler le conflit en évitant les éclats de la publicité, Tchaïkovski a fait savoir à son épouse qu'il ne reprendra jamais la vie commune avec elle, mais qu'il est prêt à la dédommager en lui versant une « mensualité » convenable. En attendant l'accord de l'intéressée, Anatole, en sa qualité de juriste et de médiateur bénévole, veille à défendre au mieux les intérêts de son frère, embarqué dans un sale micmac.

A demi soulagée, Nadejda décide de mettre un peu de baume au cœur de Tchaïkovski, dont le moral est au plus bas, et fixe le montant de sa pension à mille cinq cents roubles par mois. Cet encouragement pécuniaire lui permettra, pense-t-elle, de surmonter les tracasseries d'une séparation qui doit demeurer secrète. Or, entre-temps, Tchaïkovski a bénéficié de nouvelles rentrées d'argent. Le Conservatoire de Moscou, considérant son ancienneté comme professeur dans l'établissement, lui alloue à présent une petite subvention sur laquelle il ne comptait guère, et son éditeur Jurgenson lui commande des pièces pour piano qui se vendent bien. Ainsi épaulé de droite et de gauche il s'est remis au travail. Mais Antonina est coriace. Répudiée sans motif précis, elle entend tirer le meilleur profit d'une rupture qu'elle n'a pas voulue. Dès le 30 octobre 1877, Tchaïkovski se plaint d'avoir reçu, coup sur coup, deux lettres embarrassantes de sa femme. La première est un tissu de revendications et d'injures ; la seconde, sans renier aucun des précédents reproches, plaide en faveur d'une réconciliation raisonnable. « Tout cela me tourmente, écrit Tchaïkovski à Nadejda. Parfois je ne puis m'empêcher de la plaindre. Je lui conseille de chercher du travail, ne serait-ce que pour se distraire. » La naïveté puérile de Tchaïkovski irrite et attendrit tour à tour la baronne. Pour l'instant, ayant recouvré son calme et sa foi en l'avenir, il se borne à verser cent roubles par mois à son épouse. Mais se contentera-t-elle longtemps de cette « aumône » ? Il en doute. Nadejda s'empresse de calmer ses appréhensions. Ne sait-il pas qu'en cas de nouvelles exigences de la « partie adverse » elle sera toujours là pour augmenter la « prestation », afin d'épargner toute espèce d'avanie à son compositeur si crédule et si vulnérable ? Peut-être a-t-elle été trop persuasive dans ses lettres, car, une fois requinqué, Tchaïkovski est repris par le branle-bas des voyages. On dirait que, pour lui, la musique et le dépaysement se complètent et qu'ils sont les garanties de son équilibre moral et créateur.

Alors qu'elle rêve de son retour à Moscou, il s'est déjà transporté à Paris, puis à Florence, à Rome, à Venise, à Vienne. Partout des concerts, des applaudissements, des éloges. Et pourtant il a l'impression, dit-il, de perdre son temps en cédant à des satisfactions accessoires. Nadejda le devine si dispersé et si angoissé que, le 10 novembre 1877, elle lui écrit pour lui suggérer de rejoindre le bercail russe. « Si vous commencez à vous ennuyer à l'étranger, je vous conseille de rentrer en Russie, mais sans vous montrer à quiconque. Venez donc chez moi, non pour une rencontre mais pour vous installer dans ma maison du boulevard Rojdestvenski. Je possède là un appartement très confortable où vous n'aurez à vous occuper de rien. Dans mon intérieur tout est prêt et nous n'aurons en commun que le quotidien du ménage et de notre amitié, telle qu'elle existe maintenant et qui ne sera nullement modifiée. Tant que vous serez dans ma maison, il est évident que ni moi, ni aucun membre de ma famille, ni aucun habitant de Moscou ne saura que vous logez là. Il est très facile de se dissimuler aux yeux du monde dans mes murs. Vous savez que je mène, à Moscou, une existence cloîtrée : toute ma domesticité est habituée à vivre comme une garnison dans une forteresse. Donc, vous seriez, ici, inaccessible. Pensez-y, mon cher ami, et arrivez en venant tout droit de Vienne. Je vous demande de me prévenir trois jours à l'avance. » Avec cette invitation ambiguë, Nadejda von Meck espère convaincre Tchaïkovski du plaisir qu'ils auraient l'un et l'autre s'il s'installait chez elle, dans ses meubles, dans son intimité coutumière, alors qu'elle serait loin et se livrerait aux délices d'une songerie stérile. Il faut, dit-elle, une âme raffinée pour goûter la chaleur et la saveur du vide. De même qu'une véritable mélomane apprécie la valeur des silences dans une mélodie, de même Nadejda est sûre que Tchaïkovski n'est jamais aussi présent dans sa vie que lorsqu'il n'est pas là.

Pourtant, il hésite à se laisser convaincre. « Vous me mandez que le mieux pour moi serait de rentrer en Russie, lui écrit-il le 19 novembre 1877. Evidemment! J'aime voyager pour me reposer à l'étranger. Mais je ne peux vivre qu'en Russie et c'est seulement quand on est loin d'elle qu'on mesure la puissance de l'amour qu'on lui porte, en dépit de tous ses défauts. Malheureusement, le fait est qu'il m'est impossible de retourner en Russie. » Du coup, Nadejda se demande ce qui effraie Tchaïkovski à l'idée d'un retour à Moscou. A-t-il peur d'être assailli par de nouvelles demandes d'Antonina ou redoute-t-il, sans oser le dire, de loger chez sa bienfaitrice, alors même qu'elle lui a promis de disparaître avant son arrivée? Comme il est très difficile de divorcer sans motif véritable en Russie, à l'époque, l'impatience de Nadejda devient obsessionnelle. Quels que soient les efforts d'Anatole pour apaiser la rancune et l'appétit d'Antonina, tant que Tchaïkovski n'aura pas regagné Moscou et ne se sera pas installé boulevard Rojdestvenski, sous l'aile protectrice de la baronne, le scandale, pense-t-elle, restera possible. Par scandale, elle entend maintenant l'accusation d'impuissance qu'Antonina ne manquera pas de porter contre l'illustre Tchaïkovski. Accusé par cette chipie de n'avoir pas rempli son devoir conjugal, il sera perdu de réputation devant son public, toujours friand d'anecdotes scabreuses. On se moquera de lui dans les salons et dans les salles de rédaction des journaux. Pour lui donner le courage d'affronter cette menace de calomnies, Nadejda lui parle dans ses lettres de religion, de morale, de musique, et mélange le tout en une exhortation à la pureté universelle. « Je suis ennemie de toute apparence extérieure, lui écrit-elle, qu'il s'agisse de la beauté du visage ou du respect de l'opinion publique... [...] Quand j'entends qu'on parle d'un homme doué des plus hautes qualités morales et intellectuelles comme d'un cheval ou d'un meuble dans lesquels il n'y a rien d'autre à considérer que la beauté des formes, je m'indigne de tout mon être. [...] Je me mépriserais si, pour me conformer à l'opinion publique, je modifiais quoi que ce soit dans ma conduite, en fonction de ce que diront les gens. » Puis, ayant supplié au passage Tchaïkovski de renoncer à l'alcool car, dit-elle, la musique procure une ivresse de meilleure qualité que le xérès, elle l'adjure, une fois de plus, de revenir à Moscou.

Or, les mois passent sans qu'il fasse mine de regagner son pays. Errant de ville en ville, il a pris néanmoins le temps de se faire examiner à Paris par un médecin, car son dérèglement nerveux et ses maux d'estomac sont devenus intolérables. Le praticien le rassure. Son indisposition n'est pas grave et les seuls remèdes que la science préconise dans son cas, c'est l'hygiène et une cure d'eaux thermales. Au lendemain de la consultation, Tchaïchovski affirme avoir recouvré une excellente forme physique, mais sans obéir en rien aux recommandations du docteur. « J'espère, écrit-il, le 2 novembre 1877 à Nadejda, que je conserverai encore longtemps l'état de bonne santé qui est le mien depuis que, m'étant convaincu du charlatanisme de cette sommité médicale parisienne, j'ai renoncé à suivre ses prescriptions. »

A la fin de l'année, il est à San Remo, où sont venus le rejoindre son frère Modest et le petit sourd-muet Kolia. Tchaïkovski se déclare envoûté par la grâce silencieuse de cet enfant. « Quel merveilleux garçon, écrit-il à Nadejda [...]. J'éprouve pour lui une tendresse maladive. Il est impossible de voir sans être ému aux larmes son attitude à l'égard de mon frère. Ce n'est pas de l'amour, c'est une espèce de culte [...]. La première fois que je l'ai vu, je n'ai ressenti que de la pitié à cause de son infirmité [...].

Ensuite, tout m'a paru adorable dans cet enfant, si intelligent et si doux malgré son infortune. »

A la lecture de ces lignes, Nadejda songe que son insaisissable correspondant souffre d'un excès d'amour paternel et qu'il est heureux d'avoir enfin découvert un moyen de satisfaire ce noble penchant. Mais voici le plus important : le 21 décembre, Tchaïkovski reçoit une invitation officielle, signée de Boutovski, président de la section russe de l'Exposition universelle de Paris. On lui demande de se rendre immédiatement en France en qualité de délégué de la Russie. Il devra y rester jusqu'à la fin de l'Exposition et son salaire sera de mille francs par mois. Cette proposition flatte l'orgueil de Tchaïkovski, mais les multiples obligations qu'entraînerait un pareil honneur l'épouvantent. D'autre part, il craint de décevoir la baronne et tous ses amis, tous ses admirateurs qui le taxeront de lâcheté et de paresse s'il se dérobe. « Mais enfin, écrit-il le 24 décembre à Nadejda, après un débat intérieur qui a sans doute coûté plusieurs jours de ma vie, j'ai compris qu'il valait mieux refuser maintenant que de me rendre sur place et de le faire là-bas à la suite d'un complet dérèglement de mon organisme. »

Redoutant plus que tout les reproches de sa conscience, il essaie encore de se justifier à ses yeux dans une autre lettre : « Quoi qu'il en soit, que j'agisse par lâcheté ou avec raison, je vois clairement aujourd'hui que c'est impossible [...]. L'essentiel pour moi, à présent, est que ni vous, ni mes frères, ni ma sœur, ne vous fâchiez contre moi. Je vous jure que si j'apprenais d'aventure que vous et eux souhaitiez vraiment que je le fasse, je serais allé à Paris. Mais sans le conseil de mon amie et de mes frères, étant malade et sujet à des crises horribles d'hypocondrie, je ne peux pas, je ne peux pas, je ne peux pas m'y résoudre [1]. »

Nadejda, tout en regrettant que Tchaïkovski ait renoncé à la gloire de représenter la Russie à l'Exposition universelle de Paris, ne comprend pas qu'il s'attarde si longtemps à l'étranger. Ce n'est pas parce qu'il répugne à affronter les foules à Paris qu'il doit refuser de venir travailler paisiblement à Moscou, chez elle, dans une maison qu'elle aura préalablement évacuée. Dans la lettre qu'elle lui adresse le 31 décembre, elle approuve, certes, sa désertion face aux célébrations officielles, mais elle en profite pour lui apprendre, non sans arrière-pensée, que son opéra *Eugène Onéguine* est étudié actuellement

1. Lettre du 23 décembre 1877.

au Conservatoire en vue d'une prochaine représentation devant des membres de la famille impériale. « J'attends ce spectacle avec une grande impatience », lui dit-elle tout en soulignant que la qualité de certains interprètes lui paraît médiocre. Elle espère ainsi piquer sa curiosité et le faire revenir plus vite en Russie. En attendant, elle lui envoie mille cinq cents francs pour l'édition de la *Quatrième Symphonie* enfin orchestrée.

Or, rien ne détourne Tchaïkovski de son vagabondage européen. Et cependant il affirme dans ses lettres aimer passionnément son pays. Dernièrement encore, il a écrit à Nadejda en parlant de ses promenades autour de San Remo. « J'éprouvais la tentation irrésistible de rentrer à la maison et d'exprimer immédiatement ma douloureuse nostalgie dans des lettres destinées à vous et à Anatole. Pourquoi cela ? Pourquoi un simple paysage russe, pourquoi une randonnée, l'été, en Russie, de village en village, dans les champs, dans la forêt, et le soir dans la steppe, produisent-ils sur moi une impression si forte que, parfois, je me couche sur le sol, comme épuisé sous l'afflux de mon amour pour cette nature [...] avec sa steppe, sa rivière, son hameau dans le lointain, sa modeste église, bref pour tout ce qui constitue le cher et humble paysage russe. »

Au fait, n'est-ce pas l'amour excessif de Tchaïkovski pour la Russie qui l'empêche d'y rentrer ? se demande Nadejda de plus en plus perplexe. A-t-il peur d'être mal accueilli par ses compatriotes ? Craint-il plus leur hostilité (ou leur amitié) que celle des Allemands, des Autrichiens, des Italiens, des Français ? A-t-il besoin d'une frontière entre lui et sa patrie pour la mieux comprendre ? Une fois de plus, sur le point de critiquer Tchaïkovski, la baronne von Meck constate qu'elle lui ressemble étrangement. Elle aussi n'est heureuse que séparée de l'objet aimé. Qu'il s'agisse d'un être vivant ou d'un pays, seul l'éloignement permet d'en apprécier la valeur. La vraie possession s'accomplit dans l'absence. Malgré ces bonnes raisons, Nadejda continue de trouver le temps long. Son unique consolation est de se dire que, par le cœur, sinon par le talent, elle est la réplique féminine de Tchaïkovski.

V

Constatant que, malgré son insistance, Tchaïkovski s'obstine dans son errance cosmopolite, Nadejda songe que, peut-être, Anatole ou Modest, ou Kotek, ou – pourquoi pas? – Aliocha, le serviteur dévoué du grand homme, réussiront à le convaincre de rentrer en Russie. Elle sait qu'ils lui ont tous rendu visite à l'étranger et qu'il leur a paru être mal dans sa peau et peu pressé de mettre fin à ses pérégrinations européennes. De tous ceux qui l'ont approché c'est encore le charmant Kotek qui semble le plus au courant de ses travaux et de ses projets. Par lui, Nadejda a eu des détails sur l'état d'avancement des dernières œuvres du maître. Traînant ses partitions d'un hôtel à l'autre, Tchaïkovski a, dit-il, composé une adorable deuxième sonate, un concerto pour piano dont il est assez content, et il vient de s'atteler à une *Liturgie*, ce qui est un exercice qu'il domine difficilement et dont il attend beaucoup. Au fond, pense Nadejda, ce superbe artiste, ivre de musique, n'est à son aise qu'en compagnie des hommes. Bien sûr, elle reconnaît que cet entourage exclusivement masculin la délivre des risques d'une concurrence féminine, mais, en même temps, il ravive les soupçons que certains ragots mondains ont éveillés en elle. Pour tâcher d'en savoir davantage, elle n'a pas hésité à interroger Tchaïkovski par lettre, alors qu'il est encore à Florence, sur son passé sentimental : « Pierre Illitch, avez-vous jamais aimé ? J'ai l'impression que non. Vous aimez trop la musique pour pouvoir aimer une femme. Je connais un épisode de votre vie [le mariage avec Antonina], mais je considère que l'amour qu'on appelle platonique (bien que ce ne soit pas de cette façon-là que Platon a aimé) n'est qu'un demi-amour, un amour de l'imagination, non du cœur, et ce n'est pas ce sentiment qui fait partie intégrante de la chair et du sang de l'homme et sans lequel il ne peut exister [1]. » Ainsi attaqué de front, Tchaïkovski a répondu par une pirouette. « Vous me demandez, chère amie, si j'ai connu l'amour plato-

1. Lettre du 30 janvier 1878.

nique ? Oui et non. Si l'on pose la question différemment, c'est-à-dire en me demandant si j'ai éprouvé la plénitude de cet amour, je dirai non, non et non !!! Je pense d'ailleurs qu'on trouve dans la musique une réponse à cette question. Mais demandez-moi si je comprends toute la force, toute la puissance incommensurable de ce sentiment et alors je vous répondrai : oui, oui et oui, et je répéterai encore que, à travers la musique, je me suis efforcé, avec amour, d'exprimer la douleur et les délices de l'amour. » En glissant habilement d'un sujet à un autre, il poursuit : « Je ne suis pas d'accord avec vous quand vous dites que la musique est incapable de traduire le pouvoir universel de l'amour. Je crois, tout au contraire, que la musique seule est en mesure de le faire. Vous dites que les mots peuvent y ajouter quelque chose. Eh bien non, les mots sont inutiles là où ils interviennent, ils se révèlent impuissants et, quand ils deviennent éloquents, ils se confondent avec la musique [...]. Vous avez raison de dire que les paroles ne font que gâter la musique instrumentale en la faisant descendre de sa hauteur inaccessible [1]. » Ayant ainsi noyé le poisson, Tchaïkovski enchaîne sur des

1. Lettre du 9 février 1878.

considérations philosophiques absconses, si bien que Nadejda, l'ayant lu de bout en bout, reste sur sa faim.

Quelques semaines plus tard, revenant d'un concert où elle a entendu une fois de plus la *Marche serbe* de Tchaïkovski, elle lui redit son enthousiasme, mais avoue que, en découvrant le nombre d'auditeurs qui applaudissent sa musique, elle est à la fois heureuse et inquiète. « J'ai l'impression, lui écrit-elle, qu'il y a autour de vous beaucoup d'amis que vous aimez mieux que moi [...]. Et cependant, en considérant tous ces visages étrangers, j'ai senti que vous ne pouviez appartenir à personne aussi étroitement qu'à moi [...]. Je m'unis à vous dans votre musique et, en cette minute, nul ne peut rivaliser avec moi ; ici je règne et j'aime [1]. Pardonnez-moi ce délire, ne vous effrayez pas de ma jalousie. Cette jalousie ne représente pour vous aucune obligation. Elle est mon sentiment intime et c'est à moi de m'en arranger. Je n'attends rien au-delà de ce que j'ai déjà, si ce n'est une petite modification dans notre vocabulaire. Je voudrais que vous soyez avec moi comme on l'est d'ordinaire entre amis : ne

1. Allusion à un vers de Lermontov dans *Le Démon.*

pourrions-nous nous tutoyer? Je ne crois pas que ce soit difficile dans une correspondance, mais si vous jugez cela incorrect, je n'insisterai pas, car même ainsi je suis heureuse. En cette minute, je souhaiterais vous embrasser de tout cœur, mais peut-être estimeriez-vous cela par trop étrange. Aussi vous dirai-je, comme d'habitude : au revoir, mon cher ami [1]. »

Ayant confessé sa jalousie, confessé son amour et proposé le tutoiement, elle attend, le cœur serré, la réponse de Tchaïkovski. Hélas! une fois de plus, il se dérobe. Certes, il lui affirme qu'elle est « la clef de voûte » de son existence mais aussitôt il change de style avec une prudence déconcertante. « En ce qui concerne le passage du vous au tu, je n'ai vraiment pas le courage de l'accomplir. Je ne puis supporter aucune hypocrisie, aucune tromperie dans mes rapports avec vous, et, cependant, je sens qu'il serait gênant pour moi de m'adresser à vous dans mes lettres d'une façon aussi familière. Nous avons acquis quelques conventions en suçant le lait maternel et, quelle que soit la distance que nous avons prise par rapport à ces conventions, la plus petite entorse que nous lui

1. Lettre du 6 mars 1878.

infligeons se traduit par une gêne, et cette gêne, c'est encore de la fausseté. [...] Que je vous tutoie ou que je vous vouvoie, la profondeur et l'étendue de mon amour pour vous seront les mêmes [1]. » Bref, il refuse la perche enrubannée qu'elle lui a tendue et elle ne peut que s'incliner en feignant une souriante compréhension... On continuera donc à s'aimer en se disant vous comme si l'on venait d'être présentés l'un à l'autre.

Elle est d'ailleurs bientôt récompensée de sa docilité en apprenant, au début d'avril 1878, qu'il a quitté Clarens, qu'il se trouve à Vienne et que la prochaine lettre qu'elle recevra de lui aura été postée quelque part en Russie : « En quittant les pays étrangers et à la veille de mon retour en Russie en qualité d'honnête homme tout à fait guéri, tout à fait normal et plein d'énergie créatrice et de forces vives, je dois vous remercier une fois de plus, ma chère et inappréciable amie, pour tout ce dont je vous suis redevable et que je n'oublierai jamais, au grand jamais [2]. »

1. Lettre du 13 mars 1878.
2. Lettre du 8 avril 1878.

Elle craint de céder à une fausse joie et que la prochaine étape de ce « globe-trotter » impénitent soit encore Zurich, Naples ou Paris ? Mais non, Tchaïkovski tient parole. Le 11 avril 1878, il franchit enfin la frontière et se rend directement chez sa sœur en Ukraine, à Kamenka. Il s'attendait à éprouver une émotion indicible en retrouvant la terre natale, mais il s'est heurté à des gendarmes ivres, qui ont fouillé ses bagages sans un mot d'excuse et examiné son passeport d'un œil soupçonneux. « Tout cela, écrit-il à Nadejda, a gâché ma joie de revoir ma patrie si passionnément aimée ! » D'ailleurs, moins d'une semaine après son arrivée, il se plaint de nouveaux malaises, qu'il attribue soit à tous les soucis qui l'attendent en Russie, soit à un refroidissement, soit à la nourriture très stricte imposée par le carême pascal. La nuit précédente, au cours d'une douloureuse insomnie, il a même cru mourir et a dû réveiller son frère Anatole qui dormait dans la pièce voisine. Malgré ces nouvelles alarmantes, Nadejda, au comble de la joie, le félicite à l'occasion de son retour dans la mère patrie, qui coïncide avec les fêtes de Pâques. Une double Résurrection, pense-t-elle, celle du Christ rendu à l'humanité et celle de Tchaïkovski, rendu à ses compatriotes. « Comme je suis heureuse de vous savoir maintenant plus proche de Moscou, lui écrit-elle. Votre séjour à l'étranger vous a été certainement profitable et j'espère qu'il nous sera possible d'obtenir l'entière libération de vos liens conjugaux. [...] Cher Pierre Illitch, j'ai un désir auquel je serais ravie que vous accédiez, c'est que vous veniez vivre dans mon domaine de Braïlov, lieu que j'aime tant, où je me transporte toujours par l'esprit et qui abrite tant de mes tristes souvenirs personnels. » Elle ajoute qu'elle souhaiterait désormais pouvoir appeler cet endroit béni non plus *mon* Braïlov mais *notre* Braïlov. Bien entendu, elle lui promet de ne pas y faire la moindre apparition aussi longtemps qu'il désirera y séjourner car elle est de plus en plus résolue à préserver entre eux le mirage de l'union dans l'absence. Est-ce cette dernière assertion qui le décide ? Toujours est-il que, le mois suivant, il emménage à Braïlov et que, d'emblée, ce havre de paix l'enchante. Il y est, dit-il, « plongé dans un divin silence, entouré d'objets dont la seule vue [lui] rappelle sa bienfaitrice et le rapproche d'elle [1] ». Il célébrera d'ailleurs les douceurs de cette « demeure féerique » dans un triptyque pour piano et violon,

1. Lettre du 17 mai 1878.

Souvenirs d'un lieu cher. Le goût du travail lui étant revenu, il partage ses journées entre les affres et les joies secrètes de la composition et les agaceries quotidiennes dues à la poursuite de son divorce. Informée de son souci permanent, Nadejda von Meck lui a fait naguère une suggestion audacieuse : « Ne pouvez-vous proposer [à Antonina] de lui verser, afin de subsister quelque temps, une avance sur ce que vous lui donnez actuellement : dix mille roubles par exemple. Cette même somme pourrait lui être réglée entièrement et immédiatement si elle acceptait de divorcer. Je m'engage à trouver l'argent nécessaire. Essayez, cher ami. Je voudrais tellement que vous puissiez être tranquille [1]. » Mais Anatole, chargé de soumettre à Antonina les nouvelles conditions du divorce, se heurte à une violente réaction de la part de l'épouse répudiée. Comprenant qu'elle se réfugie derrière un prétexte d'amour-propre bafoué pour embrouiller et prolonger la discussion, Anatole décide de lui cacher que ce n'est pas son mari mais la baronne von Meck qui financera le compromis. Après maints conciliabules, les deux frères imaginent un processus à l'usage de la partie adverse, selon lequel l'argent de la

1. Lettre du 12 février 1878.

« rançon » serait avancé par Léon Davydov, mari d'Alexandra. Ainsi, jamais le nom de la baronne n'apparaîtrait au cours des débats. « Même les gens les plus proches de moi ne sauront pas quelle est la main bienfaitrice qui m'apporte paix et liberté », promet Tchaïkovski. Nadejda a peur de se réjouir prématurément d'un accord aussi difficile à obtenir. Mais ce que Tchaïkovski lui écrit à Braïlov, le 21 mai 1878, la plonge dans une joie revigorante. « Je viens de recevoir la lettre, longue de plusieurs pages, d'une certaine personne [Antonina]. Au milieu d'un fatras de réflexions incohérentes et stupides, elle m'exprime formellement son acceptation du divorce. Ayant lu ces lignes, j'ai été abasourdi de bonheur et me suis mis à errer une demi-heure dans le jardin afin d'apaiser par la fatigue physique l'émotion, l'allégresse quasi maladive qui s'était emparée de moi. J'ai décidé qu'il m'était indispensable de me rendre au mois de juin à Moscou pour accélérer les progrès de cette affaire. Il me faut agir vite, vite ! Je ne me calmerai pas tant que je n'aurai pas mis la machine en marche, tant que je n'aurai pas arrangé les dernières formalités etc. ! N'est-ce pas ce qu'il y a de mieux à faire ? »

Bien entendu, Nadejda est d'accord, et bien entendu, la procédure s'enlise. Si Tchaïkovski obtient la séparation de corps, le divorce demeure hypothétique. Le temps d'embrasser son frère Anatole, qu'il trouve affreusement pâle, amaigri et nerveux, et le voici de nouveau à Kamenka, où, malgré la maladie de sa sœur Alexandra, qui souffre d'une crise de foie, et l'agitation indisciplinée de ses neveux, il travaille avec enthousiasme à une *Suite pour orchestre* et songe à un opéra qui pourrait être soit *Roméo et Juliette*, soit *Les Caprices de Marianne*, soit *La Pucelle d'Orléans*, d'après Schiller. Parlant de ce dernier projet, il écrira à Nadejda : « Il y a là une merveilleuse matière à exploiter en musique et le sujet n'est pas usé bien que Verdi l'ait déjà traité [1]. » Cependant, pour l'été, il préfère encore la confortable maison de Braïlov, que la baronne, infatigable voyageuse, a mise à sa disposition pendant qu'elle sillonnait l'Europe. Puis, ayant fait sa cure de bon air, de solitude et de silence, il retourne à Moscou comme à son véritable port d'attache. C'est là qu'il reçoit les nombreuses lettres dans lesquelles Nadejda lui fait part de ses impressions de touriste désabusée et de mélomane sévère pour tout ce qui n'est pas l'œuvre de son idole. Il lui répond, poste restante, à Paris, à San Remo, à Flo-

1. Lettre du 21 novembre 1878.

rence... Lors de son premier passage à Paris, en septembre 1878, elle s'est rendue aux concerts pour lesquels Tchaïkovski avait refusé son parrainage et dans lesquels Nicolas Rubinstein tenait successivement le rôle de pianiste et de chef d'orchestre. Le programme comportait des œuvres de Tchaïkovski, de Glinka, de Rimski-Korsakov... En sortant d'un de ces concerts, le 6 septembre 1878, Nadejda bouleversée, au bord des larmes, écrit à son compositeur préféré ce qu'elle a ressenti à l'audition de *La Tempête*. « Dès qu'ont retenti les premières notes, on eût dit que la foule retenait son souffle... J'en oubliai totalement Paris, le public stupide, l'orgueil patriotique et le monde entier. Il n'y avait plus devant moi que *La Tempête*, l'amour et l'invisible auteur qui répandait autour de lui ces accords merveilleux, capables d'envoûter l'univers et de procurer à l'être humain une plénitude de félicité dans le bien et le ravissement. Oh ! mon Dieu, je ne puis vous exprimer ce que je ressens lorsque j'entends vos œuvres. Je suis prête à vous offrir mon âme, vous devenez divin à mes yeux et je sens remonter du tréfonds de mon cœur tout ce qu'il peut y avoir en lui de plus noble, de plus pur et de supranaturel. » Par trois fois, elle se rend ainsi aux concerts russes de l'Exposition universelle quand des musiques de Tchaïkovski sont au programme. Aux comptes rendus scrupuleux qu'elle lui adresse ensuite, elle joint des extraits de la presse parisienne, qui est dans l'ensemble louangeuse, mais pas suffisamment à son gré. Est-ce la notion de l'importance grandissante de son œuvre à l'étranger et le désir d'y consacrer plus de temps qui incitent Tchaïkovski à envisager sérieusement sa démission du Conservatoire de Moscou ? Cependant, vu le manque à gagner qu'entraînerait une mesure aussi radicale, il a besoin de solliciter l'avis de sa très généreuse protectrice pour se décider. Fière d'être consultée par lui sur la future orientation de sa carrière, elle n'hésite pas une seconde et lui répond, le 20 septembre 1878 : « Bien entendu, Pierre Illitch, quittez le Conservatoire. Depuis longtemps je trouve absurde qu'un homme de votre intelligence, de votre culture, de votre talent soit sous les ordres d'un personnage qui lui est inférieur à tous les points de vue. Je ne vous ai pas donné de conseil, attendant que vous renonciez de vous-même à un poste qui impose une soumission continuelle à notre ami commun Rubinstein. » Dans la même lettre, comme il lui a expliqué qu'il aimait trop la Russie pour supporter de l'avoir constamment sous les yeux et qu'il avait l'intention de passer la moitié de sa vie à l'étranger, elle l'encourage à se dépayser de temps en temps comme elle le fait elle-même : « Vous devriez séjourner tantôt à la campagne, en Russie, et tantôt hors des frontières. Je suis ravie de constater que, sur cette question aussi, nos pensées se rejoignent. Sans doute passerai-je l'hiver à l'étranger. Si vous pouviez venir quelque part, là-bas, dans mon voisinage, ami bien-aimé, comme cela me rendrait heureuse ! Arrivez donc à Côme, au bord du lac. Ce serait follement agréable si nous pouvions vivre à une ou deux verstes l'un de l'autre. »

L'enthousiasme de Nadejda est communicatif. Tchaïkovski finit par donner sa démission du Conservatoire, avec un soulagement mélancolique, en songeant aux douze ans qu'il y a passés. Il quitte Moscou le 7 octobre 1878 à destination de Florence. La baronne von Meck l'attend impatiemment dans cette ville, avec la ferme intention de ne pas le rencontrer en chair et en os. Cet « évitement » continuel lui semble plus que jamais nécessaire au bonheur de leur couple insolite. Rien de plus facile pour eux que d'être à la fois invisibles et présents puisqu'elle habite sur les hauteurs de la cité, à la villa Oppenheim, via dei Colli, et qu'elle a retenu pour lui un appartement dans lequel il sera loin de ses regards mais proche de son cœur. Elle a chargé le violoniste Pakhoulski, successeur de Kotek dans sa petite cour de musiciens à tout faire, d'accueillir Tchaïkovski à la gare et de le conduire à l'appartement qu'elle lui a assigné. Là, sur une table, trône un bouquet de fleurs, offert par elle, et accompagné d'une lettre de sa main : « Soyez le bienvenu, mon cher, mon merveilleux et bien-aimé ami ! Que je suis contente de vous savoir ici ! Vous sentir près de moi, connaître la chambre où vous habitez, admirer la même vue que vous, jouir de la même température que vous, c'est une joie inexprimable. » Elle lui indique également, par prudence, ou par taquinerie, l'itinéraire de ses promenades habituelles. « Nous sortons régulièrement à onze heures et allons un peu plus loin que Bionciani où vous habitez, cher ami. Puis nous rentrons déjeuner à midi, exactement par le même chemin. » C'est Aliocha, le valet de chambre de Tchaïkovski, qui porte la réponse à la villa Oppenheim, distante de cinq cents mètres à peine. Dans ce billet, le compositeur remercie Nadejda de ses bontés florentines, lui assure que tout lui plaît ici, bien que l'appartement soit trop grand, trop luxueux, et trop confortable. D'ailleurs, en signe de gratitude il compose une nouvelle sonate à son intention, et la désigne déjà du nom de *Notre Suite.* « Je ne puis vous dire combien je suis enchantée que votre appartement vous plaise, lui écrit-elle en retour. Depuis hier, le mien me paraît encore plus charmant et mes promenades encore plus agréables. Je ne sais comment vous remercier du plaisir que vous m'avez fait en m'annonçant *Notre Suite.* Que de charme dans ce simple mot. » Et le jeu de cache-cache s'organise. Chaque jour, au cours de sa sortie matinale, Nadejda passe sous les fenêtres de Tchaïkovski avec la délicieuse crainte de se trouver soudain nez à nez avec lui. Ne va-t-il pas transgresser la règle ? Elle le devine à la fois dévoré par la tentation et paralysé à l'idée de lui déplaire en bravant l'interdit. Comme elle, il est sans doute constamment sur ses gardes et se méfie de sa propre curiosité. Cette sensation de narguer à tout instant le péril qu'ils redoutent l'un et l'autre les excite mieux que la plus audacieuse des caresses. Un soir, à l'Opéra, Nadejda, qui assiste à la représentation d'*Il Violino di diavolo*, découvre Tchaïkovski assis non loin d'elle dans la salle. Leurs regards se croisent. Ils se sont reconnus. Mais, obéissant à la consigne qu'ils se sont donnée, ils feignent d'être étrangers l'un à l'autre et détournent les yeux pour éviter le sacrilège d'un banal sourire de politesse. Rentrée à la villa Oppenheim, Nadejda exulte : « Comme je suis heureuse de vous avoir vu à l'Opéra ! En me réveillant, ce matin, ma première pensée a été pour vous et toute la journée je vous ai senti près de moi. Peu importe le froid qu'il fait ici, votre voisinage me procure des délices infinies ! »

Cependant, ayant organisé de longue date le programme de ses déplacements, en wagon personnel, à travers l'Europe, elle estime qu'il est temps pour elle de changer d'horizon, et la voici à Vienne, d'où elle écrit le 24 décembre 1878 à Tchaïkovski, en lui souhaitant un joyeux Noël. Entre-temps, lui non plus n'a pu tenir en place et s'est empressé de faire un tour à Paris, où il espère être mieux inspiré que nulle part ailleurs pour composer sa *Pucelle d'Orléans*. Mais, à chacun son miracle ! De même que Jeanne d'Arc entend des voix et sent à ses côtés une présence occulte et tutélaire, de même Tchaïkovski, en tout lieu, à toute heure, est rejoint par la pensée de l'invisible et efficace baronne. Toujours aux petits soins pour *son* compositeur, elle a loué à son intention un superbe appartement, où il sera à l'aise pour chanter les extases et les souffrances de sa sainte héroïne. Hélas ! les prévenances de Nadejda n'ont pas suffi à écarter de Tchaïkovski les ennuis de santé, les complications post-matrimoniales et les déceptions artistiques, dont il souffre avec une susceptibilité d'écorché vif. Après une nuit agitée où des crampes d'estomac et des nausées l'ont empêché de dormir, il a voulu se requinquer en allant écouter, le 9 mars 1879, *La Tempête*, qu'on donnait au Châtelet sous la direction d'Edouard Colonne. Horrible déconvenue ! Accablé par la médiocrité de l'orchestre, il l'est autant par l'indifférence du public. A la fin, il croit même entendre quelques sifflets parmi des applaudissements de courtoisie. Ce dédain des auditeurs parisiens l'afflige. Aussitôt il se met à douter de son talent. Mérite-t-il encore le rang qu'il occupe dans l'opinion de ses compatriotes ? Avertie de cet échec incompréhensible, Nadejda tente de remonter le moral de Tchaïkovski et l'incite à se distraire en fréquentant les milieux intellectuels de la capitale, car elle est sûre que parmi les Français évolués il trouvera des admirateurs, comme ce fut le cas pour lui en Russie. A-t-il oublié la ferveur avec laquelle Léon Tolstoï s'est exprimé jadis sur son œuvre ? Pourquoi ne va-t-il pas voir à Paris Ivan Tourgueniev, dont tout le monde sait, dit-elle, qu'il est marié avec Mme Viardot-García, la cantatrice. Il lui répond, le 19 février 1879, par une longue missive dans laquelle il se plaît à analyser sa peur d'un contact direct avec ses semblables : « Je suis un sauvage. Chaque nouvelle connaissance, chaque rencontre avec un inconnu, a toujours provoqué en moi les pires souffrances morales. Peut-être est-ce de la timidité poussée jusqu'à la manie, peut-être est-ce une absence totale de sociabilité, peut-être est-ce la fausse crainte de paraître tel que je suis, peut-être est-ce l'incapacité de dire le contraire de ce que je pense (et cette hypocrisie est indispensable au salut de toute relation avec un être humain), bref je ne sais absolument pas ce que c'est, mais dans l'impossibilité où je suis d'éviter certaines rencontres, je feins d'en éprouver du plaisir, je joue tel ou tel rôle et cela me torture horriblement [...]. Jamais dans ma vie je n'ai fait le moindre pas pour rencontrer une personnalité, fût-elle remarquable ; si cela arrivait parfois, c'était hors de ma volonté et je n'en retirais invariablement que de la déception, de la tristesse et de la fatigue. » Plus loin, prenant l'exemple de ses relations avec Léon Tolstoï, il avoue que, malgré son admiration pour l'auteur de *Guerre et Paix*, il a souffert de l'entendre exposer ses théories musicales aberrantes et dénier tout talent à un géant tel que Beethoven. « Ainsi, poursuit-il, ce grand écrivain, ce génial connaisseur du cœur humain, a commencé notre entretien en énonçant avec aplomb une opinion que tout musicien ne peut juger qu'insultante et stupide. Que faire en pareille circonstance ? Discuter ? Certes, j'ai discuté [...]. Pourtant j'ai dû lui cacher mon irritation et jouer la comédie, c'est-à-dire feindre d'être sérieux et raisonnable. [...] Par la suite, il est venu chez moi à plusieurs reprises [...], a même pleuré, sangloté, quand j'ai joué, à sa demande, l'*andante* de mon premier quatuor. Néanmoins mes rapports avec lui ne m'ont apporté, comme tous les autres, que de la gêne et de la souffrance [...]. Voilà pourquoi, chère amie, je ne vais ni chez Tourgueniev, ni chez qui que ce soit. » Ayant ainsi justifié sa misanthropie, Tchaïkovski ajoute une rectification qui effleure Nadejda à un point sensible : « Permettez-moi de corriger une inexactitude que beaucoup de gens commettent : Tourgueniev n'est pas marié et n'a jamais été marié à Viardot. Elle est mariée à Louis Viardot qui vit toujours. C'est un écrivain fort respectable, et un traducteur de Pouchkine. Tourgueniev n'est lié à Viardot que par une amitié touchante et très pure qui s'est transformée depuis longtemps en une habitude si profonde qu'ils ne peuvent plus vivre l'un sans l'autre. Il n'y a aucun doute là-dessus. » De toute la lettre, c'est ce dernier paragraphe que Nadejda relit avec le plus d'émotion : en parlant de l'intimité entre l'écrivain et la chanteuse, c'est sa propre union avec Tchaïkovski que celui-ci évoque délicatement. Tchaïkovski et Mme von Meck, Tourgueniev et Mme Viardot, deux génies attachés par le cœur, sinon par la chair, à deux femmes exceptionnelles !

Excitée par cette « coïncidence », Nadejda ne songe plus qu'à renouveler le plaisir de ses « non-rencontres » avec le compositeur en lui offrant gîte et couvert dans sa propre résidence dont elle s'arrangerait pour être absente. Au printemps 1879, Tchaïkovski étant de retour en Russie, elle lui écrit pour lui proposer de venir passer quelque temps dans sa propriété de Simaki, tout à côté de Braïlov, où elle compte se rendre elle-même dans les tout prochains jours. « Je voudrais organiser à Braïlov, lui écrit-elle le 5 mai, une vie à *nous deux* [1] dans le genre de la vie que nous menions dans notre chère Viale dei Colli ; ce serait très facile ; cela ne dépend que de vous. Je possède non loin de Braïlov une

1. En français dans le texte.

toute petite villa, Simaki [...] nichée dans un jardin ombragé qui est bordé par une rivière, et animé par le chant des rossignols [...]. Si vous acceptiez de venir vous y installer pour un mois ou même plus, durant mon séjour à Braïlov, je serais heureuse au-delà de toute expression. Cela me permettrait de revivre les plus merveilleux moments de la vie que j'ai connue à Viale dei Colli. Certes, à Braïlov je ne pourrais me promener chaque jour aux abords de votre maison, mais je sentirais chaque jour que vous êtes tout près de moi et à cette seule pensée je serais heureuse, égayée, apaisée, encouragée, j'aurais l'impression que, près de vous, aucune vilenie ne peut plus m'atteindre [1]. »

Redoutant quelque absurde scrupule de la part de Tchaïkovski, Nadejda revient à la charge, six jours plus tard et, pour le décider, elle invite également son frère Anatole à Simaki. Emportée par l'exaltation d'une collectionneuse de souvenirs, elle décrit à son correspondant l'enchantement qu'elle éprouve en retrouvant, après chaque passage du bien-aimé, les lieux où il a vécu en son absence : « Si vous saviez avec quel plaisir indicible je pénètre dans les pièces

1. Lettre du 5 mai 1879.

que vous avez occupées, et où il semble que tout est encore imprégné de votre présence. Je regarde votre couchette, je n'enivre à l'idée qu'il n'y a pas longtemps vous étiez allongé dessus et que vous avez bien dormi [1]. » Mais n'est-ce pas l'impatience amoureuse dont elle témoigne qui effraie cet homme plus timoré dans sa vie que dans sa musique ? se demande-t-elle. De lettre en lettre elle réitère son offre de villégiatures jumelées. Et de réponse en réponse il multiplie les excuses vraies ou fausses à son retard. Ce sont tantôt les obligations de sa carrière, tantôt des soucis de famille qui le retiennent à Kamenka. Enfin, le 8 août 1879, il débarque à Simaki et d'emblée le ravissement est total, de part et d'autre. « Bonjour mon cher, mon adorable invité, lui écrit-elle le lendemain de son arrivée. Je souhaite que Simaki vous plaise autant qu'à moi. » Il lui répond, le 9 août : « Je suis assis sur le balcon, je jouis de cette soirée magnifique, je tourne ma pensée vers celle à qui je dois tout ce bonheur, et je vous remercie. » Partageant son temps entre son travail de composition au piano et ses promenades solitaires à travers les bois, il se dit qu'il a eu tort de tarder à profiter d'une invitation si agréable. Or, le

1. Lettre du 15 mai 1879.

14 août, au milieu de l'après-midi, Nadejda, qui d'habitude évite de sortir à cette heure-là, s'avise d'aller prendre le frais dans la forêt avec sa fille Milotchka et quelques familiers. Elle fait atteler sa calèche et se prépare à une randonnée de tout repos, lorsque, au détour d'un chemin, elle aperçoit Tchaïkovski, lui aussi en calèche. Après un moment de stupeur, qui les fige l'un et l'autre, il ôte poliment son chapeau et incline la tête dans un timide salut. Nadejda le dévore des yeux et n'ose ni parler, ni sourire tandis que son cœur bat jusque dans sa gorge. Que faire ? Ni elle ni lui ne le savent. Enfin ils se détournent l'un de l'autre. Les équipages s'éloignent, et la baronne von Meck, rouge de confusion, s'efforce de renouer la conversation, sur le ton le plus naturel, avec sa fille. Rentrée chez elle, elle trouve une lettre, apportée par Pakhoulski, qui fait office de messager entre les deux maisons : « Pardonnez-moi, pour l'amour de Dieu, chère Nadejda Philaretovna, d'avoir mal calculé mon emploi du temps, et de m'être trouvé par inadvertance sur votre chemin, ce qui a suscité sans doute de nouvelles questions de la part de Milotchka et une nouvelle gêne pour vous, obligée de lui dire pourquoi l'invité mystérieux de Simaki ne vous rend jamais visite chez vous tout en bénéficiant de votre hospitalité ailleurs. »

Mais Nadejda sait faire la part des choses. Le surlendemain, ayant retrouvé ses esprits, elle rassure Tchaïkovski. « Vous vous excusez pour cette rencontre, et moi, j'en suis enchantée. Je ne puis vous exprimer à quel point j'ai été transportée de bonheur quand je me suis trouvée face à face avec vous, et que j'ai senti, pour ainsi dire, la réalité de votre présence à Braïlov. Je ne souhaite aucune relation intime entre nous, mais le fait d'être près de vous, en silence, et de façon passive sous le même toit comme ce fut le cas au théâtre, à Florence, ou vous croiser sur mon chemin, comme avant-hier, voir en vous non plus un mythe mais un être vivant, que j'aime de tout cœur et à qui je dois des béatitudes si extraordinaires, je considère qu'il n'y a pas de plus grandes joies que de telles occasions imprévues. »

Peu à peu, comme mise en appétit par ces accidents fortuits qui les dressent tout à coup l'un devant l'autre alors qu'ils s'étaient juré de ne jamais se voir, elle y goûte la saveur piquante du péché. Tout en continuant de refuser une relation suivie avec l'homme qu'elle a déifié depuis des années, elle se dit qu'ils pourraient s'accorder parfois une brève permission qui les rapprocherait physiquement sans engager leur avenir. Ces petits accès de perversité innocente seraient d'autant plus délectables qu'ils ne dureraient que quelques minutes, le temps d'un regard, d'un sourire, d'une parole et que, ensuite, elle et lui reviendraient à leur sagesse de fantômes unis par les lettres et la musique. D'ailleurs, elle n'est pas loin de penser que, en dépit de ses réticences de célibataire, terrifié par l'intrusion d'une femme dans son existence, Tchaïkovski est, lui aussi, friand de ces entrevues accidentelles et qu'il apprécie certaines lubies fantasques de son hôtesse. Ainsi lui annonce-t-elle bravement que, le 26 août 1879, elle compte organiser une grande fête avec bal masqué et feu d'artifice au bord de la rivière de Simaki à l'occasion de la fête de son fils Alexandre von Meck, et qu'elle aimerait qu'il jetât un coup d'œil sur ces réjouissances familiales. Mis au pied du mur, il accepte d'y assister, mais de loin et incognito. Elle n'en demandait pas plus. Au jour dit, elle revêt ses plus beaux atours, se pare de ses plus précieux bijoux et se rend, avec la foule de ses invités, à Simaki, au bord de la rivière. Là, le cœur battant d'une allégresse coupable, elle devine la présence du bien-aimé derrière les arbres. Rajeunie de vingt ans, elle se dit que ce n'est ni les explosions inoffensives des fusées, ni le tournoiement des danseurs aux costumes bariolés qu'il observe en silence, mais elle seule au milieu de tous ces gens, dont la plupart ne lui sont rien. Et quand elle s'évertue à paraître aimable parmi eux, dans sa robe princesse très décolletée et sous le savant échafaudage de sa coiffure à l'ancienne, c'est à lui seul qu'elle cherche à plaire. Le lendemain il lui écrit : « J'ai très bien vu les illuminations et le feu d'artifice. Il m'était infiniment agréable d'être si proche de vous et des vôtres, d'entendre vos voix et de vous apercevoir furtivement, ma chère amie, au milieu de vos invités. Vous êtes passée à deux reprises tout près de moi, surtout la deuxième fois, aussitôt après le feu d'artifice. Je me trouvais tout le temps à proximité de la tonnelle, au bord de l'étang. Mais mon plaisir était entaché d'une certaine frayeur. J'avais peur que vos gardiens ne se figurent que j'étais un voleur. » Ravie de cette vigilance et de cette crainte chez Tchaïkovski, elle lui répond qu'elle a été très heureuse de le savoir aux aguets, dans l'ombre. Mais, cette concession faite à l'actualité, elle revient à une phrase qu'il a écrite dans une de ses précédentes lettres : « La pensée que je pourrais vous survivre m'est intolérable. » Quel aveu étourdissant ! Elle le remercie pour ces quelques mots qui, à son avis, résument merveilleusement et tragiquement leur aventure à tous deux. « Maintenant, écrit-elle, je sens enfin que je ne suis pas seule au monde, qu'il y a un cœur qui bat à l'unisson du mien [...]. Par six fois je relis cette formule et, involontairement, je serre votre lettre contre ma poitrine qui se soulève sous l'afflux de la gratitude. » La suite du séjour de Tchaïkovski à Simaki est moins riche en événements. Vivant dans la petite villa que la baronne von Meck a mise à sa disposition, il travaille à *La Pucelle d'Orléans*, et finit son deuxième concerto pour piano destiné à Nicolas Rubinstein. Puis, laissant Nadejda à Braïlov, il repart pour Moscou, pour Saint-Pétersbourg, pour Kamenka. Il se prélasse encore chez sa sœur à la campagne alors que la baronne, éternelle migratrice, est déjà à Paris où elle l'invite à la rejoindre. « Dès que vous arriverez ici, lui écrit-elle, tout ira bien pour nous deux comme à Viale dei Colli. » Rappelé à ses devoirs de fiancé putatif, Tchaïkovski plie bagage. Le 13 novembre 1879, il est à Paris où Nadejda a loué pour lui un appartement à l'hôtel Meurice. Mais à peine s'y est-il installé qu'elle part pour Arcachon. Il s'étonne que cette créature richissime, qui a des maisons partout, en Russie et à l'étranger, éprouve de temps à autre le besoin de découvrir un décor, un mode de vie différents. Sans doute les gens qui ont trop d'argent et trop d'indépendance sont-ils naturellement sujets à ce nomadisme seigneurial? Sans doute un excès de satisfactions matérielles engendre-t-il une insatisfaction morale permanente? Sans doute est-ce une malédiction de tout avoir et de ne plus savoir que désirer?

Le 19 novembre, Tchaïkovski écrit à Nadejda qu'il compte assister à la Comédie-Française à une représentation du *Gendre de M. Poirier*, dont on dit que « c'est une merveilleuse comédie interprétée à ravir ». Quarante-huit heures plus tard, il apprend, en lisant *Le Globe*, que le jour même où il s'esbaudissait à la Comédie-Française le tsar Alexandre II échappait à un second attentat. Alors que Sa Majesté revenait à Moscou après un séjour en Crimée, une machine infernale explosait sur la voie ferrée, endommageant le convoi où avait pris place la suite impériale. Le souverain était sain et sauf, mais toute la Russie se dressait dans un mouvement d'indignation patriotique. Aux aimables facéties d'Emile Augier et de Jules Sandeau, la Russie oppose l'horrible tragédie d'un complot régicide. Quel contraste entre l'esprit des deux nations! songe Tchaïkovski.

Comment pourrait-on apprécier son œuvre en France ? Certains ne lui reprochent-ils pas, ici, d'écrire une musique barbare ? Bien qu'il se soit rarement occupé de politique, il réagit avec vigueur dans une lettre à la baronne von Meck : « Il me semble que l'empereur ferait bien de rassembler des élus de toute la Russie et, avec ces représentants de son peuple, d'étudier les mesures à prendre pour lutter contre ces manifestations terrifiantes de l'esprit révolutionnaire le plus insensé. Mais, tant que nous tous, citoyens russes, ne serons pas appelés à participer au gouvernement du pays, ce ne sera pas la peine d'espérer un meilleur avenir. » Nadejda partage son indignation. Mais elle craint que la nécessaire rigueur des autorités, justifiée par les derniers événements, ne nuise d'une façon ou d'une autre à la carrière du compositeur.

Sa prémonition est logique. Au début de décembre, Tchaïkovski fausse compagnie à la baronne von Meck et se rend à Rome, où il rejoint son frère Modest et le jeune infirme Kolia Kondrati. Tandis qu'il visite la ville en touriste émerveillé par les monuments, les églises et les musées, il apprend que lui aussi va subir les conséquences de l'attentat contre l'empereur. Par décision administrative, les représentations de son opéra *Opritchnik* ont été interdites *sine die*, car certains mouchards y ont décelé des signes de connivence avec les théories révolutionnaires. Après ce coup de semonce, Tchaïkovski écrira au début de l'année suivante à Nadejda : « L'histoire de mon *Opritchnik* est très curieuse. Ce spectacle a été interdit parce qu'on a jugé que le sujet présentait, à notre époque, une signification subversive. *Je n'ai qu'à m'en féliciter* [1], car je suis content de toute circonstance qui empêche cet opéra raté de revoir le jour [2]. »

Le pense-t-il vraiment ? Rien n'est moins sûr. En tout cas la fureur que lui inspire l'action des terroristes efface le très léger inconvénient personnel qui en est la conséquence. De Rome il écrit encore à la baronne pour commenter cet acte criminel, qui ne lui paraît pas dirigé contre la monarchie mais contre le pays tout entier. « J'ai failli devenir fou de colère en apprenant ce nouvel attentat contre la vie de notre souverain. On ne sait ce qui est le plus surprenant dans cette affaire, l'impudence et l'instinct meurtrier de cette bande de tueurs, ou l'impuis-

1. En français dans le texte.
2. Lettre du 2 février 1880.

sance de la police et de tous ceux dont le devoir est d'entourer et de protéger l'empereur. On se demande comment tout cela finira ? Et on se perd en conjectures [...]. Je commence à considérer avec appréhension le contraste entre le merveilleux printemps dont je jouis ici [à Rome] et le rude hiver que je vais retrouver à Saint-Pétersbourg. »

Quand il trace ces mots, Tchaïkovski est à quelques jours de son départ. Mais il fait un détour par Paris et Berlin avant de regagner Moscou et Saint-Pétersbourg. En retrouvant sa patrie, il a l'impression de manquer d'air et qu'il y a un assassin tapi derrière chaque porte. La plupart des gens qu'il rencontre sont encore sous le coup des deux attentats manqués contre le tsar. La saison des concerts a beau avoir repris dans la capitale, même les mélomanes pensent moins à la musique de Tchaïkovski qu'à la politique du gouvernement. Morose, il se rend pour la première fois sur la tombe de son père, décédé en son absence le 10 janvier de la même année, et dont la disparition ne l'a que modérément affecté. Debout, tête nue, il tente de se recueillir devant la simple croix de bois qui marque l'emplacement, en attendant le monument funéraire que son frère et lui ont déjà commandé. « Le temps était clair et ensoleillé, mais il gelait ferme, écrit-il à Nadejda. Je ne pensais pas souffrir aussi atrocement du froid. Trois hivers passés dans des pays au climat tempéré m'ont rendu frileux. En général Saint-Pétersbourg produit sur moi une impression mortellement pesante et sinistre. Pauvre Russie ! » Pourtant il ne lui parle pas encore de la nécessité de fuir à l'étranger. Il lui annonce même qu'il compte se rendre à Moscou pour préparer un concert de ses œuvres. Mais il n'y passera, dit-il, que deux ou trois jours « à l'insu de tous ». C'est bien peu, estime-t-elle, mais, venant de lui, tout est bon à prendre. Résidant elle-même, actuellement, à Moscou, elle considère comme un privilège d'accueillir ce transfuge invisible dans sa ville, fût-ce pour quarante-huit heures. Il arrive le 2 avril 1880, descend à l'hôtel, et dès le lendemain elle lui écrit d'une plume impatiente : « Que je suis heureuse de vous savoir à Moscou, bien que vous habitiez loin de moi, mais nous respirons, vous et moi, le même air moscovite, nous mangeons sans doute les mêmes craquelins, et nous contemplons la même gadoue, dans les rues. » Or, il semble que le destin s'acharne à persécuter la baronne dans les instants où elle se croit à l'abri de toute déconvenue. Le jour même de son installation provisoire à Moscou, Tchaïkovski lui apprend que, au cours d'une promenade au bord de la Moskova, il a vu s'arrêter devant lui le carrosse de Constantin Nicolaïevitch, frère du tsar régnant, Alexandre II. Ayant eu déjà l'occasion de rencontrer le compositeur et de lui exprimer son admiration, le prince l'a présenté à son fils, le grand-duc Constantin Constantinovitch, lui aussi amateur de musique et poète à ses heures. L'entrevue s'est continuée par de nombreuses invitations au palais et Tchaïkovski, amusé et flatté, semble y avoir pris goût. Le voici lancé dans le très grand monde. Bien qu'il se plaigne de vaciller de fatigue et d'être toujours en frac, Nadejda le devine fier de l'hommage qu'il reçoit à l'ombre du trône. « Dimanche, lui écrit-il, avec une sotte vanité, je suis resté de deux heures à cinq heures de l'après-midi dans les salons de Mme Abaza [la femme du ministre] où se trouvait également toute la famille de la grande-duchesse Catherine Mikhaïlovna, et j'ai joué, à sa demande, des extraits de mon opéra. La fille de la grande-duchesse est une chanteuse de talent et a interprété à ravir plusieurs de mes romances [...]. Lundi, j'ai dû me rendre à un grand dîner chez le prince Vassiltchikov, où j'ai été, pour ainsi dire, le héros de la fête. A ce dîner assistaient de nombreux personnages titrés. Parmi eux il y avait notamment le prince Eugène de Leuchtenberg dont l'épouse, excellente cantatrice, m'a fait l'honneur de me dire qu'elle était ma fervente admiratrice. » Comment lutter, quand on n'est que baronne von Meck, avec les « rossignols prestigieux » qui s'efforcent d'envoûter le naïf Tchaïkovski. Agacée par l'énumération de tant de mondanités, Nadejda se sent tragiquement désarmée par le choix qu'elle a fait de ne jamais se laisser approcher par l'homme qu'elle aime. Et cependant, elle répugne à imiter les simagrées de ces femmes qui font étalage de leurs grands noms, de leurs charmes fallacieux, et dont le jeu lui paraît aussi déplacé que les évolutions d'une créature trop parfumée. Pour elle, la chasteté et le mystère qu'elle entend observer vis-à-vis de son idole recèlent une rude et saine amertume que seuls les connaisseurs savent apprécier et qui dévalorise les banales sucreries du sentiment. Rongée de jalousie, elle se refuse cependant à baisser les bras ou à changer de tactique. Tchaïkovski sera à elle sans même lui avoir effleuré la main. Cette gageure est sa fierté et sa secrète raison de vivre. Qui oserait la critiquer pour son farouche entêtement ? Pas lui en tout cas, car il approuve ces restrictions excitantes, estime-t-elle, et ne pourra plus jamais s'en passer. Moins d'une semaine après les festivités auxquelles il a failli se laisser prendre comme un novice, il lui apprend qu'il va quitter Moscou pour Kamenka. D'ailleurs, Nadejda se prépare elle-même à partir pour son cher Braïlov. Parfois elle se demande quels sont les vrais motifs de leur mutuelle bougeotte. On dirait qu'ils redoutent tous deux la sédentarité, comme s'ils y décelaient les prodromes d'une maladie paralysante. Mais, tandis que Tchaïkovski court de droite et de gauche à la recherche de l'inspiration, elle, en se déplaçant avec son encombrante smala, n'a en vue que la recherche désespérée d'elle-même.

VI

Durant les derniers mois de 1880, Nadejda réside à Braïlov, alors que Tchaïkovski se trouve encore à Kamenka. Pourquoi diable ne vient-il pas à Simaki où elle l'invite, de lettre en lettre, avec une autorité suppliante ? Elle ne lui cache pas qu'elle communie mieux avec lui quand ils ont le même ciel gris au-dessus de la tête et la même neige immaculée à leurs pieds. A force de vivre passionnément les relations intemporelles qui se sont établies entre eux, elle éprouve le besoin d'offrir à quelques-uns de ses proches l'occasion d'une réalisation amoureuse qu'elle refuse à elle-même. Son expérience des liaisons désincarnées lui donne des envies de noces officielles pour les autres. Aussi se met-elle en tête de marier la plus jeune des nièces de Tchaïkovski, Natacha Davydov, à son fils Nicolas von Meck, dit Kolia, dont la jeunesse ne lui paraît pas un obstacle insurmontable. Et comme Tchaïkovski émet des réserves sur l'opportunité de cette union précoce, elle lui répond que c'est en s'y prenant longtemps à l'avance qu'on assortit le plus sûrement des fiancés. L'idée de mettre une des nièces de Tchaïkovski dans les bras puis dans le lit de son fils lui produit l'effet d'un accomplissement mystique. Les descendants des tourtereaux auront dans leurs veines les sangs merveilleusement confondus de deux êtres remarquables, Tchaïkovski et elle-même, qui ne se seront pourtant jamais livrés au péché de la chair. La perspective de cette hérédité légendaire, maintenue à travers les générations, rachète à ses yeux le destin médiocre de ses autres enfants. Alexandra et Lydia ayant épousé, la première un vague comte Bennigsen, la seconde un Allemand opulent, Levis de Maynard, leur progéniture a reçu une éducation germanique et ne parle pas le russe, ce qui est consternant pour Nadejda, quand on a une baronne von Meck parmi ses ancêtres. Heureusement elle a gardé sous sa coupe sa fille Julia, âgée aujourd'hui de vingt-sept ans, dont la grâce, la sensibilité et le dévouement la comblent plus encore que ne le font la jeunesse et le primesaut de la dernière Milotchka. En revanche, elle n'a guère de sympathie pour son fils aîné, le minable Vladimir, d'autant qu'il est affligé d'une femme, Tatiana, qui se drogue par sottise et par désœuvrement. Plus la baronne von Meck est déçue par sa famille et plus elle demande à la musique et aux musiciens de la guérir de ses accès de mélancolie. Tout en échangeant avec Tchaïkovski des rêves de mariage entre leurs enfants, elle demeure attentive à la carrière de son bien-aimé. Tenue au courant de tout, soit par lui, soit par des amis communs, elle sait qu'à Simaki il a terminé l'orchestration de sa *Jeanne d'Arc* et qu'il a pu ajouter un mouvement à sa *Suite*. Quelques semaines auparavant, elle a reçu la réduction pour piano de la *Quatrième Symphonie* et, l'ayant jouée à plusieurs reprises, elle en a éprouvé un tel choc qu'elle s'est crue obligée de révéler à Tchaïkovski, en toute franchise, en toute impudence, qu'elle est follement éprise de lui. « Ces sons divins s'emparent de tout mon être, ébranlent mes nerfs, soumettent mon cerveau à une telle exaltation que je n'ai pas dormi ces deux dernières nuits. En proie à une félicité dévorante, dès cinq heures du matin j'ai eu les yeux grands ouverts, et aux premières lueurs du jour je n'ai eu qu'une hâte, me rasseoir au piano et jouer encore [...]. Pierre Illitch, je veux que cette Symphonie soit *ma* Symphonie, personne n'est capable de ressentir à son audition la même chose que moi [...]. Je doute que vous puissiez comprendre la jalousie que j'éprouve à votre égard, malgré l'absence de tout contact personnel avec vous. Savez-vous que je suis jalouse de la manière la plus impardonnable, celle d'une femme pour l'homme dont elle est amoureuse ? Savez-vous que j'ai cruellement souffert quand vous vous êtes marié ? J'ai eu l'impression qu'on arrachait un morceau de mon cœur. La pensée que vous viviez auprès de cette femme me blessait et j'en éprouvais de l'amertume. Sans doute ne m'avez-vous pas soupçonnée d'une telle méchanceté, mais je me suis réjouie d'apprendre que vous étiez malheureux avec elle. Je me reproche ce sentiment. Je crois que je ne l'ai jamais laissé paraître devant vous, mais je n'ai jamais non plus su l'étouffer en moi. J'ai haï cette femme parce qu'elle ne savait pas vous rendre heureux, mais je l'aurais haïe cent fois plus si elle vous avait apporté le bonheur. Je pensais qu'elle m'avait volé ce qui n'appartenait qu'à moi, puisque je vous aimais plus que personne au monde et que cela me donnait sur vous un droit imprescriptible. Au cas où cela vous gênerait d'être informé de tout cela, pardonnez-moi cette confession incongrue. Si je me suis laissée aller à de tels aveux, la faute en est à la *Symphonie*! Pourtant j'estime qu'il vaut mieux que vous le sachiez, je ne suis pas la créature idéale que vous supposez. D'ailleurs cela ne doit modifier en rien nos relations. Je tiens à ce qu'elles restent telles quelles, à ce que rien ne soit changé jusqu'à la fin de ma vie et à ce que personne... mais là je m'arrête. Je n'ai pas le droit de le dire... Pardonnez-moi et oubliez ce que je viens d'écrire. J'ai la tête à l'envers. » La réponse qu'elle a reçue à l'époque, et qu'elle relit encore aujourd'hui, l'a quelque peu désenchantée. Certes, Tchaïkovski lui a répété que cette symphonie était à elle autant qu'à lui, ce qui représentait une fusion plus intime que celle bénie par l'Eglise, et que son amour pour elle était « trop fort pour s'exprimer autrement qu'en musique », mais elle a l'impression qu'il essaie de se « dédouaner » par une succession de notes admirables alors que son cœur reste froid. Elle juge en outre, à part soi, qu'il est anormalement inquiet pour le sort du jeune Aliocha Sofronov, ce zélé serviteur sur lequel il veille comme sur un fils et qui, ayant atteint l'âge du service militaire, va être soumis à l'épreuve du tirage au sort. S'il tombe sur un mauvais numéro, il devra passer au moins quatre ans sous les drapeaux. A l'idée d'être séparé aussi longtemps de son « Lionel chéri », de son « pigeonneau », Tchaïkovski ne peut taire son angoisse. Cet attendrissement du maître devant un petit moujik qu'il s'est amusé à dégrossir, et qui va peut-être partir pour l'armée comme tant de garçons de son âge, agace Nadejda ; et, par ailleurs, pourquoi prend-il à cœur les affaires de ce petit sourd-muet, Kolia, dont son frère Modest assure l'éducation ? Brusquement, elle se découvre prête à lui reprocher de gaspiller sa sensibilité en s'occupant de gens qui n'en valent pas la peine. Puis elle se ressaisit, honteuse de son comportement, et décide de se racheter en faisant confectionner à l'intention de Tchaïkovski un bijou symbolique qui lui servira aussi de talisman. Ayant commandé à Paris, chez Cartier, une montre précieuse dont le boîtier porte d'un côté la représentation en miniature des Trois Grâces couronnant Apollon, de l'autre une Jeanne d'Arc écoutant ses voix, elle réceptionne le colis et charge Marcel Karlovitch, son homme de confiance, de le remettre à Tchaïkovski en l'accueillant à Braïlov. Le scénario a été prévu par elle dans ses moindres détails. Le 2 juillet 1880, Tchaïkovski, venant de Kamenka, franchit le seuil de la vaste demeure seigneuriale, que Nadejda a pris soin de fuir le mois précédent pour s'installer elle-même en Suisse, à Interlaken. En recevant des mains du factotum le coffret scellé dans lequel repose le bijou d'horlogerie, il a un instant de gêne ; puis il déplie le billet qui accompagne l'envoi et lit : « Mon âme y sera présente, bien qu'invisible, et si l'âme existe, la mienne ne vous quittera jamais. »

Comme d'habitude, elle imagine, à distance, la surprise, la confusion du bien-aimé découvrant ce cadeau royal. Il lui semble même qu'elle aurait été moins heureuse si elle le lui avait remis en mains propres. Quelques jours plus tard, en recevant les remerciements de Tchaïkovski, elle boit du petit-lait. Il a été aussi émerveillé par la beauté de l'objet, dit-il, que par les sentiments qui ont guidé le geste de la baronne : « Mais permettez-moi de protester énergiquement contre la supposition que je pourrais vous survivre. Vivons donc ensemble, ma chère amie, le plus longtemps possible [...]. Cette montre, je la porterai sur moi jusqu'à mon dernier jour, non pour m'inciter à me souvenir de vous, car je ne vous oublie pas une minute et ne vous oublierai jamais, dussé-je vivre encore mille ans, mais parce qu'il m'est infiniment doux de porter sur moi quelque chose dont l'inexprimable raffinement témoigne de votre bonté et de la valeur morale du sentiment d'amitié que ma musique et moi-même avons eu la chance de vous inspirer [1]. » Par la même occasion, il lui annonce que sa *Jeanne d'Arc* sera montée l'hiver prochain, à Saint-Pétersbourg. Nadejda déplore sincèrement que ses projets de voyage l'empêchent d'être présente dans la capitale le jour de la première ! Pendant qu'il jouit de l'été ukrainien à Braïlov, elle s'émerveille des paysages de la Suisse, se promène avec ses enfants, fête avec eux, au champagne, l'anniversaire de son génial ami et lui annonce au passage qu'elle vient d'accueillir un jeune musicien, grand prix du Conservatoire, qui lui a été envoyé par Edouard Colonne : « Il a vingt ans, mais on lui en donnerait seize ; c'est un pur produit du boulevard, un vrai gamin de Paris », écrit-elle. Le « gamin de Paris » se nomme Achille Claude Debussy. Très vite, elle informe le nouveau venu de son admiration pour Tchaïkovski et l'invite à se familiariser avec le style du maître en déchiffrant la transcription pour piano de ses œuvres. Elle juge que la technique de l'invité est parfaite et qu'il ne manque pas de brio, bien que son admiration pour Massenet la contrarie un peu. Néanmoins elle l'engage comme professeur de

1. Lettre du 2 juillet 1880.

musique de ses enfants. L'ayant ainsi attaché à sa famille, elle s'intéresse aux « petites pièces » qu'il compose de son côté, et lui commande une transposition à quatre mains du *Lac des cygnes*. Quand elle estime l'avoir suffisamment « apprivoisé », elle le surnomme affectueusement « Boussik », l'entraîne par étapes à Florence, à Vienne et enfin à Braïlov, d'où, bien entendu, Tchaïkovski a déguerpi entre-temps, selon leurs conventions habituelles. Puis elle emmène Boussik à Moscou et l'installe auprès d'elle dans son hôtel particulier du boulevard Rojdestvenski. En apprenant à mieux connaître ce jeune Français plein de promesses, elle s'étonne du goût qu'il affiche pour la manière d'un Borodine et d'un Moussorgski. Après avoir entendu, dans un concert, la *Symphonie n° 1* du premier et *Une nuit sur le Mont Chauve* du second, est-ce elle ou lui qui se trompe en accordant de l'intérêt à cette musique primitive et ostentatoire ? Elle adresse à Tchaïkovski une photographie des quelques musiciens qu'elle a attachés à sa personne, parmi lesquels Pakhoulski et Debussy.

Ayant jeté un regard sur le groupe, Tchaïkovski est frappé par le regard inspiré et les mains élégantes de Debussy et écrit à Nadejda : « Il me rappelle Anton Rubinstein dans sa jeunesse. Dieu veuille qu'il ait une parcelle de son génie ! » Nadejda a cru éveiller la jalousie de son bien-aimé et se découvre désappointée par la tranquille philosophie dont il fait preuve à l'idée d'une possible rivalité entre lui et le petit Boussik. Au vrai, il est tellement absorbé par son travail qu'il ne voit rien au-delà de son piano et de ses partitions. Réfugié à Kamenka, il compose un nouvel opéra, *Mazeppa*, inspiré par le poème *Poltava* de Pouchkine, un *Deuxième Concerto pour piano*, une *Sérénade*, et une ouverture triomphale, intitulée *L'Année 1812*. Alors que Nadejda le croit en pleine euphorie créatrice, elle apprend que, le 18 décembre, à la suite d'une exécution de sa *Liturgie* à la Société musicale russe, il a été violemment pris à partie dans un article signé « Un vieux prêtre de Moscou », pseudonyme – ô combien transparent ! – de l'évêque de Moscou Ambroise. Ce vénérable ecclésiastique accuse Tchaïkovski de profanation : « La musique sacrée est destinée à l'église et non à une salle de concert, écrit-il. Le texte de la liturgie n'est pas une légende qui peut servir à la confection d'un livret. » Selon lui, le compositeur aurait commis un sacrilège impardonnable en autorisant l'interprétation de sa *Liturgie* dans une enceinte non sanctifiée. Ce reproche absurde réveille en Nadejda le souvenir de ses anciennes discussions avec Tchaïkovski sur la différence entre la foi sincère et les dogmes archaïques de la religion. Mais par bonheur la presse libérale s'empare de l'événement, et le critique des *Nouvelles Moscovites*, félicitant le compositeur pour la noblesse de son inspiration, propose même que la dernière semaine de l'année 1880 soit appelée la « Semaine Tchaïkovski ». Superbe consécration après un blâme injustifié ! Réconforté par ce succès, Tchaïkovski n'en appréhende pas moins l'opinion du public à la création de son *Eugène Onéguine*, le 12 janvier 1881 au théâtre Bolchoï de Moscou. Nadejda, toujours retenue à Braïlov, ne peut assister au spectacle et attend avec fièvre que l'auteur lui fasse un récit exact de la soirée. Sitôt rentré chez lui, après les derniers bravos, Tchaïkovski écrit à la baronne von Meck : « Au début, le public a accueilli mon opéra avec une certaine froideur, mais, au fur et à mesure du déroulement de l'action, le succès se précisait et l'affaire s'est terminée on ne peut mieux [1]. » Il se prépare à lire une presse élogieuse. Or, elle est tiède et même parfois réticente. En revanche, *La Pucelle d'Orléans*, jouée le 13 février 1881 au théâtre Marinski de Saint-

1. Lettre du 12 janvier 1881.

Pétersbourg, est un triomphe. Tchaïkovski, qui a pris sur lui de faire le voyage pour assister au gala, est rappelé à vingt-quatre reprises devant le rideau. Ses jambes se dérobent sous lui. Comme d'habitude, il craint que cette chance excessive ne présage une catastrophe. Et en effet, quelques semaines plus tard, le 1er mars 1881, une terrible nouvelle jette toute la Russie à genoux : le tsar Alexandre II, libérateur des serfs, vient de trouver la mort à la suite d'un troisième attentat, le plus audacieux de tous. Alors qu'il revenait d'une parade de la garde, un inconnu, mêlé aux curieux, est sorti des rangs et a jeté une bombe sur la calèche impériale. L'explosion a tué les chevaux, quelques passants et trois cosaques de l'escorte. Tandis que le tsar, miraculeusement indemne, descendait de voiture et s'avançait avec sang-froid vers le criminel que la foule s'apprêtait à lyncher, un complice, dissimulé derrière les badauds, a lancé une seconde bombe sous les pieds de l'empereur. Les deux jambes déchiquetées, le souverain a été aussitôt transporté au palais où il a expiré deux heures après dans d'atroces souffrances. Il s'apprêtait à publier le lendemain un manifeste annonçant la réforme du Conseil d'Etat et la création d'une chambre de représentation populaire. Si les terroristes l'ont abattu, c'est qu'ils avaient deviné qu'il était sur le point d'affaiblir leur détermination en allant au-devant de leurs désirs. Révolté par la sauvagerie de ces professionnels de l'assassinat, Tchaïkovski songe que toute cette année 1881 est placée sous un signe néfaste. Trois autres morts frapperont le monde artistique durant la même période : à la disparition de Dostoïevski, le 9 janvier, succèdent celle de Nicolas Rubinstein et, cinq jours plus tard, celle de Moussorgski. Tchaïkovski est d'autant plus ébranlé par la fin de Nicolas Rubinstein qu'il se trouve à Paris quand il apprend son décès et que c'est précisément à Paris que son ami a rendu le dernier soupir. N'ayant pas vu le cadavre dans son cercueil, il assiste néanmoins au service funèbre en l'église orthodoxe de la rue Daru. En revenant des obsèques, il s'ouvre dans une lettre à Nadejda de son obsession face à l'au-delà et de sa découverte de Dieu : « Tout est ténèbres dans ma tête [...]. Je sens que je me rapproche de plus en plus de l'unique remède qui existe contre tous nos maux. Je sens que je commence à apprendre à aimer Dieu, ce que je ne savais pas faire auparavant. Je découvre déjà une joie inexprimable à m'incliner devant l'inexplicable mais incontestable sagesse divine. Je le prie souvent, les larmes aux yeux (Où est-il ? Qui est-il ? Je ne sais, mais je suis sûr qu'il existe) et je le supplie de me donner l'amour et la paix, et de me pardonner et de m'éclairer. Il m'est doux de lui dire : Seigneur, que Ta volonté soit faite [1]. »

De retour à Saint-Pétersbourg après cette méditation mystique, il constate le désarroi des habitants devant l'avenir incertain qui attend le pays. « Voici cinq jours que je suis à Saint-Pétersbourg, écrit-il à Nadejda le 30 mars 1881. Tout dans la ville est sinistre, à commencer par le temps qui est atrocement froid et n'annonce guère le printemps. L'humeur des habitants est à l'accablement. Sur tous les visages se lit la peur du lendemain. J'ai moi-même l'impression que nous marchons tous sur un volcan dont l'éruption imminente engloutira toute vie sur la terre. Je n'ai qu'une envie : m'enfuir quelque part, le plus loin possible. »

Cette paix de l'âme, il va la chercher d'abord à Kamenka. Là, il continue à se déchaîner contre les nihilistes russes, vampires assoiffés de sang « qu'il faut détruire car il n'y a pas d'autre remède contre ce mal », écrit-il à Nadejda. Elle aussi, craintivement tapie à Braïlov, condamne

---

1. Lettre du 16 mars 1881.

la violence qui sévit en Russie. En donnant de ses nouvelles à Tchaïkovski, elle se plaint notamment des récents pogromes qui ont pris pour cible les juifs inoffensifs de la région. « Une cinquantaine d'individus ont pillé les maisons des juifs, raconte-t-elle. Du deuxième étage ils ont tout jeté dans la rue. Nos pauvres juifs de Braïlov sont terrorisés, d'autant plus que les autorités ne prennent aucune mesure pour arrêter cela ! Quelle époque horrible et insupportable [1] ! »

En vérité, des soucis autrement graves l'assaillent. Elle a des revers de fortune. Les pertes qu'elle a subies se chiffrent par millions de roubles. Cependant, elle estime qu'il lui en restera assez pour entretenir Tchaïkovski et les quelques gentils musiciens de son entourage. Elle ne songe même pas à vendre du terrain, que ce soit à Braïlov ou ailleurs. Peut-être, tout au plus, mettra-t-elle en location son domaine de Simaki. Elle annonce même à Tchaïkovski, le 16 janvier 1881 : « J'ai l'intention de m'installer définitivement à Braïlov afin de m'occuper de sa gestion et d'en tirer des revenus. Quant à la raison pour laquelle j'ai particulièrement besoin de ces revenus, je vous l'expliquerai plus

1. Lettre du 4 mai 1881.

tard, lorsque l'affaire aura été éclaircie. » Il n'en faut pas davantage pour que Tchaïkovski s'inquiète des conséquences de ces restrictions budgétaires sur son propre train de vie. En tout cas, il a désormais scrupule à continuer à être si largement appointé par la baronne. « Au nom du ciel, chère amie, lui écrit-il le 23 février 1881, n'oubliez pas que les portes des deux Conservatoires me sont largement ouvertes et que, de ce point de vue, mon existence est parfaitement assurée. Cette liberté et cette vie matériellement luxueuse que je mène sont des biens précieux. Mais elles me deviendront pénibles si je constate que j'en profite au détriment d'une amie trop discrète et trop généreuse. Je vous en prie, soyez totalement franche avec moi sur ce point et sachez, vous qui êtes ma meilleure amie, que le plus grand bonheur pour moi serait de renoncer aux biens matériels les plus agréables si cela pouvait permettre d'améliorer tant soit peu votre situation. »

Avec quel soulagement il apprendra, quelques mois plus tard, par une indiscrétion, que la baronne a vendu pour trois millions huit cent mille roubles ses actions du chemin de fer de Libavo-Romensk, rétablissant ainsi définitivement ses finances !

Nadejda ayant rassuré Tchaïkovski sur l'avenir matériel de leur étrange liaison, il ne souffre plus moralement que d'une seule absence : celle d'Aliocha Sofronov qui accomplit au loin son service militaire, alors que ce garçon délicat n'y est guère préparé. De temps à autre, Tchaïkovski lui rend visite à la caserne pour le réconforter. Il en revient horrifié par la brutalité et la vulgarité qui règnent parmi les soldats. Bien qu'il évite de confier son désespoir à Nadejda, elle est trop fine mouche pour ne pas remarquer que son génial compositeur souffre d'être séparé de ce gentil domestique comme s'il venait de perdre un enfant ou une fiancée. Elle sait également que, ces derniers mois, Tchaïkovski s'est mis à boire pour se consoler de sa solitude. Or, malgré ces désordres et cette insatisfaction permanente, il doit encore prendre sur soi pour s'occuper de la désintoxication de sa nièce, Tatiana Davydov, morphinomane et hystérique, et de sa sœur Sacha Davydov (Alexandra) dont les coliques néphrétiques sont un perpétuel supplice. Débordé par les soucis de toutes sortes, il s'exile à Paris tandis que Nadejda part de son côté pour s'étourdir au gré de sa fantaisie ambulatoire entre Vienne, Nice et Paris. L'essentiel, affirme-t-elle dans ses lettres, est de fuir Saint-

Pétersbourg où les fêtes du couronnement ne manqueront pas d'inciter les nihilistes à perpétrer quelques mauvais coups. Même la maladie de son petit Micha, dont le cœur défaillant inquiète les médecins, ne la décide pas à rentrer en Russie. Installé maintenant à Kamenka, Tchaïkovski feint d'approuver la répugnance de sa correspondante à regagner une patrie qui n'est plus qu'un repaire d'assassins. D'ailleurs, ce que Nadejda entend dire des remous qui agitent la France lui fait craindre la contagion révolutionnaire pour son pays si naïf et si vulnérable. Justement les journaux annoncent une étrange radicalisation de la politique française. Prenant prétexte d'un manifeste contre la république lancé à la légère par le prince Napoléon Victor Bonaparte, le gouvernement s'acharne contre les derniers représentants de la monarchie, ce qui encourage tous les « négateurs » professionnels à redresser la tête. Se posant en défenseur d'une noblesse que menace la lie populaire, Tchaïkovski écrit à Mme von Meck : « Quelle laideur que la politique française ! A cause de ce misérable prince Napoléon, qui a fait rire le monde entier par son manifeste, ils veulent maintenant chasser tous les princes et en particulier toute la maison d'Orléans, si respectable et si éloignée de toute intrigue. Je suis terriblement révolté par le gouvernement français actuel en général et par sa persécution insensée des princes en particulier. » La baronne surenchérit dans l'indignation. Pour elle, les Français, avec leurs idées démocratiques, sont assez fous pour mettre le feu à toute l'Europe. Revenant de Vienne, elle maudit les fauteurs de troubles, quelle que soit leur nationalité, qui se drapent dans des principes humanitaires pour justifier leur folie. « En rentrant ici, écrit-elle à Tchaïkovski, j'ai éprouvé un réel plaisir à me retrouver chez moi. [...] A cette occasion j'ai pu méditer sur les dangers du sentiment faussement humanitaire dont sont victimes les gens qui admirent Proudhon et ont pris pour devise la formule ampoulée de celui-ci : "La propriété, c'est le vol." Quelle stupidité ! Tout être humain, qu'il appartienne à l'élite ou qu'il soit au dernier degré de l'intelligence, n'a rien de plus précieux que ce qui constitue sa "propriété". Le proverbe [populaire] le confirme : "Tout ce qui est à toi est bien !" Or, l'essentiel d'une doctrine (si tant est que le nihilisme puisse être considéré comme une doctrine !) est fondé sur cette phrase, qui n'est rien d'autre qu'une bulle de savon [1]. » Tchaï-

1. Lettre du 11 avril 1881.

kovski, souscrivant de tout cœur aux opinions de Nadejda, lui répond par retour du courrier. « Ce que vous dites du communisme est parfaitement exact. On ne saurait trouver utopie plus insensée et plus contraire à l'instinct de propriété qui est le fondement de la nature humaine. » Tandis qu'il condamne l'aveuglement des révolutionnaires de tout poil, il ne peut que s'insurger contre certaines mesures des autorités de son pays. Alors que l'infortuné Aliocha languit et s'étiole depuis des mois sous les drapeaux, voici que le tsar, obéissant à d'absurdes considérations, vient d'allonger la durée du service militaire pour les jeunes recrues. Il était de quatre ans, il sera désormais de six ans. Atterré par ce décret inique, Tchaïkovski cherche désespérément une échappatoire. Or, Aliocha a contracté entre-temps le typhus. Excellent prétexte pour le dispenser de tout exercice et de toute corvée. Transporté à l'infirmerie il se rétablit peu à peu. Mais Anatole, arguant de la nécessité d'une convalescence surveillée, obtient pour le jeune homme un congé d'un an.

Ce sursis inespéré, il semble à Tchaïkovski que c'est à lui-même qu'on l'a accordé pour bonne conduite. La baronne partage, avec un rien d'ironie, sa joie quasi paternelle. Il est persuadé qu'une seconde vie s'ouvre devant lui, parce qu'on lui a rendu Aliocha. D'ailleurs, toute la Russie a cette impression de renouveau depuis l'avènement du tsar Alexandre III. On raconte que ce souverain à la carrure athlétique est digne des anciens paladins des légendes russes. Géant barbu aux larges épaules, capable, dit-on, de tordre un fer à cheval entre ses mains, il a décidé dès le début de prendre le contre-pied de la politique antérieure et de ramener à la raison les apprentis terroristes qui rêvent d'ébranler le trône. Aussi Nadejda et Tchaïkovski augurent-ils bien de cet autocrate nationaliste et réactionnaire. Désireux de faire allégeance à un empereur aussi robuste et résolu, Tchaïkovski regagne Saint-Pétersbourg le 15 mai 1881, juste à temps pour recueillir les échos du couronnement solennel qui se déroule, selon l'usage, en la cathédrale de l'Assomption à Moscou. Aussitôt après, il retourne à Paris avec le sentiment du devoir accompli. En janvier 1883, il est tout surpris de voir arriver son frère Modest, accompagnant leur nièce Tania Davydov, la droguée. A demi inconsciente, au bord de la crise de nerfs, elle tombe dans les bras de son oncle et lui avoue en pleurant que, pour comble de malheur, elle est enceinte de cinq mois. Elle ne sait pas de qui est l'enfant qu'elle porte, mais il est probable qu'il s'agit du jeune Félix Blumenfeld, qui lui a fait la cour naguère à Kamenka, et s'est éclipsé ensuite pour éviter les histoires. Modest s'est arrangé pour que les autres membres de la famille Davydov ignorent la grossesse de Tania. Comme elle souffre d'hystérie caractérisée, Tchaïkovski, compatissant, la confie pour une cure de désintoxication à une clinique de Passy que dirige un élève du grand Charcot. Elle va déjà mieux quand apparaissent les premières douleurs de l'enfantement. L'accouchement a lieu le 28 avril 1883 et Tchaïkovski rend visite à Tatiana, délivrée, exténuée et délirante. Il reçoit le bébé dans ses bras et ne cache pas son émotion devant ce petit être si frêle et si mystérieux dont on devine encore l'appartenance au monde prénatal.

Il est décidé qu'on placera l'enfant en nourrice quelque part en France. Les frais de l'accouchement et les différents honoraires qui s'y rapportent sont réglés par « M. Pierre de Tchaïkovski ». Dès ses premiers vagissements, le nouveau-né a reçu le prénom de Georges-Léon, son nom de famille étant, comme il se doit, Davydov. Le lendemain de l'accouchement, Tchaïkovski fait un rêve si déconcertant qu'il le raconte par le menu à Mme von Meck.

Il s'est vu en même temps sous les traits d'un nouveau-né et ceux de son propre père (décédé en 1881). Et ce père ressuscité l'aidait à dévaler un ravin. Mais, au lieu de le soutenir, son père l'entraînait dans l'abîme. A la fois adulte et bébé, sauveteur expérimenté et victime innocente d'une chute sans fin dans le noir, il se demande si ce rêve prémonitoire ne signifie pas que son sort est lié à celui d'un enfant. Avant que Tchaïkovski ait révélé l'arrivée à Paris d'une Tania névrosée et enceinte, Nadejda a été tenue au courant des ultimes péripéties de cet imbroglio sentimental et gynécologique. Amusée par l'affairement du célèbre compositeur transformé en garde-malade et presque en sage-femme, elle vole à son secours et lui envoie la somme nécessaire pour couvrir les dépenses de soins et d'hospitalisation.

Toutefois, en relisant attentivement sa correspondance avec Tchaïkovski, elle constate que, s'il est manifestement attendri par la vue du bébé Georges-Léon, il semble attiré davantage par un autre neveu, le jeune Vladimir Davydov, fils de sa sœur Alexandra, plus connu dans la famille sous le petit nom affectueux de Bob et qui a maintenant douze ans bien sonnés. Tchaïkovski ne cache pas à Nadejda le plaisir qu'il éprouve à écouter le bavardage innocent de Bob et à jouer du piano à quatre mains avec lui. Elle se plaît à constater combien il est sensible à la naïveté rafraîchissante du gamin. Cette faculté de se mettre spontanément au niveau d'un interlocuteur puéril lui paraît le signe d'une belle ouverture de cœur. Ne faut-il pas être un enfant soi-même pour vivre en musique et pour la musique ? Puis soudain, saisie d'un affreux soupçon, elle se demande si, au lieu d'imaginer une rivale dans chaque femme qui approche Tchaïkovski, elle ne devrait pas plutôt s'interroger sur la nature de l'engouement qu'il manifeste pour les très jeunes garçons en général et pour Bob en particulier.

VII

A cinquante ans, la baronne von Meck s'avise qu'elle a plus que jamais raison d'éviter toute rencontre avec Tchaïkovski. Son miroir lui renvoie l'image d'une femme maigre, guère attrayante, aux traits virils, à la peau jaunie, ridée, aux paupières fanées, mais au regard vif et aux épaules droites. Elle n'a rien perdu de son esprit dominateur ni de son sens de l'organisation. Elle a l'œil partout et à tout dans le même temps. Qu'il s'agisse de la carrière de Tchaïkovski, de la gestion de ses domaines ou de l'avenir de ses enfants, de ses neveux, de ses nièces, elle a son mot à dire et son autorité est telle qu'on ose rarement lui tenir tête. C'est ainsi que, malgré tant de souvenirs qui l'attachent aux lieux où elle a passé sa jeunesse, elle vend le cher Braïlov, investit à l'étranger une partie des fonds recueillis et, avec le reliquat, fait l'acquisition, à Plestchéevo, d'une propriété plus modeste, mais qui a l'avantage d'être proche de Moscou. Elle complète cette opération par l'achat, en France, d'un château Louis XIII, Bel Air, situé en Indre-et-Loire, et d'une confortable villa à Nice [1], pour y couler des vacances ensoleillées en famille. Les voyages ont toujours fait partie intégrante de sa vie comme de celle de Tchaïkovski. Pèlerins infatigables, ils poursuivent, loin l'un de l'autre, des existences parallèles et demandent à leur âme de suppléer à l'indifférence de leur peau. Sans doute est-ce parce que leurs routes ne se croisent jamais qu'ils ont tant à se raconter lorsqu'ils s'écrivent.

Un jour, de passage à Berlin, Tchaïkovski annonce à Nadejda qu'il a été fortement déçu par une représentation du *Tristan et Isolde* de Wagner, mais que, en revanche, il est convaincu du génie aérien de Mozart après avoir entendu par huit fois, à Paris, *Les Noces de Figaro*, dont la musique, dit-il, le « réchauffe » et lui donne l'impression d'être heureux, « comme s'il venait d'accomplir une bonne action ». Sans entrer avec lui dans une controverse musicale, qui, estime-t-elle, n'est pas de saison, elle répond, sur un ton froidement pratique, en

1. *Cf.* Wanda Bannour : *L'Étrange Baronne von Meck.*

l'informant des difficultés budgétaires qu'elle traverse en dépit de ses dernières réalisations immobilières et boursières. Au vrai, si elle étale ainsi devant lui ses embarras financiers, c'est qu'elle juge nécessaire de lui suggérer que d'éventuels revers de fortune pourraient l'amener à réduire, voire à supprimer, la pension qu'elle lui verse régulièrement depuis des années. Cette idée ne lui serait pas venue à l'esprit s'il avait eu envers elle le même comportement de confiance et d'affection exclusive que jadis. Mais, ces derniers temps, les succès mondains et les congratulations officielles l'ont grisé. Depuis qu'il a composé sur commande une *Marche du couronnement* et que le tsar l'en a remercié par le cadeau d'une bague enrichie d'un superbe diamant, il va de palais en palais, d'altesse en altesse. Anton Rubinstein, le frère de Nicolas, a fait applaudir les dernières œuvres de Tchaïkovski à chacun de ses récitals. On parle de plus en plus de lui, dans les journaux étrangers, comme d'une éminente figure de la musique russe. Redoutant qu'il ne lui échappe, Nadejda se dit qu'il est urgent de lui montrer ce qu'il risque en s'éloignant d'elle pour s'accrocher à d'autres protecteurs ou protectrices. Il n'y a pas de manœuvres indignes pour une femme aimante et désireuse de conserver l'objet de sa passion. De même que certains hommes ne sont pleinement heureux qu'en assouvissant leurs désirs sur des créatures vénales, de même elle a la conviction intime que son attachement à Tchaïkovski est d'autant plus vif qu'elle paie pour l'obtenir. Ce qui excite à la fois son orgueil et sa tendresse, c'est la pensée qu'elle achète son partenaire virtuel comme une marchandise. A croire que l'engouement qu'elle éprouve pour lui est décuplé par la notion de l'argent qu'elle lui verse en échange. A force de réfléchir à son état, elle se découvre aussi bizarrement partagée entre la fierté et la confusion que si sa chasteté l'avait encanaillée.

Cette réflexion sur ses propres sentiments ne retarde en rien le projet, qu'elle a formé depuis longtemps, d'unir son fils Nicolas von Meck et une des nièces de Tchaïkovski. Elle avait d'abord songé à fiancer Kolia avec la jeune Natacha Davydov. Mais, après de multiples hésitations, c'est à une autre nièce du grand homme, Anna Davydov, qu'elle a décidé d'offrir cet honneur. Du reste, Natacha ou Anna, peu importe à la baronne, pourvu qu'on concrétise de la sorte la fusion de la maison des von Meck avec la maison des Davydov. Aussitôt dit, aussitôt fait. Le mariage a été célébré le

11 janvier 1884. Pour Nadejda, au moment précis où Kolia et Anna ont échangé leurs anneaux, c'est un peu comme si le prêtre avait béni son accord intemporel avec Tchaïkovski. Cependant, elle veut rester fidèle à son parti pris d'effacement et de discrétion agissante. Pas une seconde elle ne pense à quitter Cannes, où elle se prélasse agréablement, pour aller grossir les rangs des spectateurs de la cérémonie nuptiale. Absente physiquement de la vie de Tchaïkovski, son devoir, lui semble-t-il, est de demeurer invisible à l'instant où, l'Eglise ayant enregistré le consentement mutuel des fiancés, elle-même devient une parente par alliance de Tchaïkovski. En revanche, le compositeur et son frère Modest se sont crus obligés d'assister aux solennités religieuses. Nadejda attend avec curiosité le compte rendu de l'événement. Mais dans la lettre que Tchaïkovski lui envoie le jour suivant, il ne fait qu'une brève mention du mariage de sa nièce et s'étend avec fureur sur le manque à gagner que lui impose la direction des théâtres où va être représenté son *Mazeppa*. On le chipote, dit-il, sur le fait que son opéra ne comporte que trois actes au lieu de quatre. Elle compatit d'une plume indulgente à sa colère d'enfant gâté, mais, dans son for intérieur, elle le trouve bien égoïste et bien tatillon pour un

grand homme. Les succès trop rapides et la fréquentation de la société aristocratique l'auraient-ils rendu à la fois blasé et exigeant ? Or, la première de *Mazeppa*, qui a lieu le 4 février à Moscou et le 7 février à Saint-Pétersbourg, est un échec. Ce coup d'arrêt dans le parcours ascendant de son idole attendrit Nadejda. Au fond, elle aime mieux consoler Tchaïkovski de ses revers que de l'applaudir « avec les autres » (ces autres qu'elle déteste) ! Mais cet intermède décourageant dans la carrière du compositeur est de courte durée. Très vite il reprend sa marche en avant et Nadejda lui emboîte le pas avec une méfiance mêlée d'admiration. En dépit des réserves de la presse, après la création de *Mazeppa*, la popularité de Tchaïkovski s'affirme en effet de jour en jour. Le 23 février, il est décoré de l'ordre de Saint-Vladimir et on l'avise que le tsar, appréciant particulièrement sa musique, a demandé au chef d'orchestre Napravnik de procéder à une reprise d'*Eugène Onéguine* dans les meilleures conditions. Le 7 mars, après avoir été reçu par le tsar et la tsarine dans leur palais de Gatchina, il confesse, émerveillé, à Nadejda qu'il a vécu auprès de Leurs Majestés des minutes inoubliables. Partagée entre la satisfaction de le savoir heureux et l'agacement de n'être pour rien dans ce sentiment, elle lit sans surprise la lettre qu'il lui envoie au lendemain de l'audience impériale. « Tous deux ont été aimables et prévenants. J'ai été touché jusqu'au fond de l'âme par l'attention que le souverain m'a accordée, mais je ne saurais vous décrire les affres mortelles que j'ai endurées, à cause de ma timidité. Le souverain m'a parlé très longuement, a répété plusieurs fois qu'il aimait beaucoup ma musique, bref s'est montré de la plus grande gentillesse avec moi. »

Monarchiste convaincue, Nadejda ne peut que se réjouir de cette reconnaissance du talent de son bien-aimé par le tsar. Et cependant elle a peur que, en devenant un compositeur officiel, Tchaïkovski ne pense plus à elle en écrivant sa musique, mais à des personnages si haut placés qu'elle finira par ne plus exister à ses yeux. S'il continue dans cette voie, songe-t-elle avec douleur, les symphonies, les sonates, les concertos qu'il composera ne seront plus *ses* symphonies, *ses* sonates, *ses* concertos à elle, mais ceux de Sa Majesté ou de quelque proche du trône. Doit-elle, dans ces conditions, continuer à appointer un artiste, fût-il hors pair, alors que, de toute évidence, elle n'est plus son inspiratrice ? Est-il normal qu'elle entretienne un homme qui la trahit par amour de la gloire ? Le fait qu'il la trompe avec l'empereur, l'impératrice et les plus brillants représentants de l'aristocratie n'est-il pas une excuse à ses yeux ? Elle aussi, du reste, a le pouvoir de soumettre à sa volonté bien des gens qui, sans elle, ne seraient rien, qu'il s'agisse des membres de sa famille, de la petite troupe de musiciens, ou de la dizaine de factotums qui composent son entourage.

Après une courte révolte contre les « infidélités » courtisanes et mondaines du bien-aimé, elle se raisonne et, pour l'inciter à lui revenir, fait installer le piano Erard dans son château de Bel Air, en Touraine. Pour l'attirer « dans ce coin de paradis », elle lui décrit le plaisir qu'elle y trouve elle-même et lui promet de disparaître dès qu'il se pointera à l'horizon. Mais, visiblement, il a d'autres idées en tête. Voilà qu'il se dit fatigué de ses errances européennes et désireux d'acquérir une datcha près de Moscou pour y couler des jours paisibles, loin des rumeurs du monde. Pensant qu'il s'agit d'un projet en l'air, elle l'encourage à y donner suite. Pourtant c'est à Kamenka qu'il échoue, une fois de plus, au printemps. De là, il annonce à Nadejda qu'il travaille à une *Troisième Suite*, tout en s'efforçant d'apprendre l'anglais avec la gouvernante des enfants Davydov. Mais ses plus grandes joies lui sont données par le retour d'Aliocha, enfin libéré du service militaire, et par la gentillesse du jeune Bob, âgé de treize ans, aussi enclin à grimper dans les arbres qu'à taper du pied dans un ballon ou à jouer du piano. Les échos de cet engouement inquiètent Nadejda, qui y décèle une rivalité équivoque plus dangereuse peut-être que celle qu'exerce sur Tchaïkovski le monde brillant et frelaté de la Cour. Elle redouble d'insistance pour le rappeler à elle. Et, finalement, il accepte de se transporter dans le domaine qu'elle a acquis à Plestchéevo grâce à la vente de Braïlov. Tout y a été conçu par la propriétaire « momentanément » absente pour qu'il y trouve son contentement. Il dispose là d'une « chambre à musique » dont l'ornement est un « harmonium » de qualité exceptionnelle qui, à lui seul, suffirait à retenir sur place n'importe quel virtuose épris de perfection. Tchaïkovski, séduit par l'harmonium, par le confort, par la décoration des lieux et, accessoirement peut-être, par le souvenir de l'hôtesse ectoplasmique, prolonge son séjour durant tout le mois de septembre. Il compose là une *Fantaisie pour piano et orchestre*, pour la plus grande fierté de Nadejda qui, une fois de plus, a le sentiment d'avoir contribué, de loin, à la naissance d'un chef-d'œuvre. Aussitôt après, il bondit à Saint-Pétersbourg pour assister, le 19 octobre 1884, à la première d'*Eugène Onéguine*. Le succès fracassant de son opéra auprès du public, la couronne de lauriers qu'on lui remet à la fin du spectacle au milieu d'un tonnerre d'applaudissements, provoquent chez lui une crise nerveuse qu'il décrit à Nadejda comme à la seule véritable spécialiste de ses états d'âme. Espérant se remettre en changeant d'air et de soucis, il entreprend un voyage en Occident et rend visite à Joseph Kotek, ce violoniste qui l'a mis en relation, autrefois, avec la baronne von Meck et qui, rongé par la tuberculose, crache ses poumons dans un sanatorium de Davos. Puis, après un bref détour par Paris, il rentre à Saint-Pétersbourg et y apprend, le 23 décembre 1884, la mort à trente ans du charmant violoniste dont la baronne a longtemps protégé et apprécié le talent. Nadejda est certes affligée par cette disparition prématurée d'un musicien qui faisait partie de sa petite cour. Mais, un chagrin chassant l'autre, elle doit se consacrer aux déboires de son fils Kolia, dont elle a arrangé autoritairement le mariage avec la nièce de Tchaïkovski, Anna Davydov, et qui est incapable de résister à une épouse orgueilleuse, volontaire et rusée. Mme von Meck s'étonne d'avoir cru, au début, avoir choisi une bru à sa convenance. Comment n'a-t-elle pas deviné, dès le premier regard, que cette créature userait de tous les moyens pour détacher Kolia de sa mère et le transformer en un caniche obéissant au premier claquement de doigts de sa maîtresse ? Dès le 5 janvier 1885, elle avoue dans une lettre à Tchaïkovski qu'elle regrette amèrement d'avoir « donné à Anna son excellent Kolia ». Malgré les faibles protestations de son correspondant, Nadejda continue à interpréter avec une rancune systématique les échos qui lui parviennent sur la vie du jeune ménage. Elle ne tarde pas à décider que la charmante sorcière qu'elle a introduite dans la famille von Meck n'a d'autre souci que de la perdre dans l'opinion de son fils. Menacée dans l'hégémonie qu'elle exerce sur tous les siens, elle cherche la meilleure façon de châtier l'intruse. « Qu'on ne touche pas à l'autorité que j'ai sur mon fils, ni à la confiance qu'il a mise en moi, écrit-elle. Il me doit tout : sa moralité, son éducation, son état. » Ailleurs, elle affirme que si Anna persiste à se montrer aussi arrogante et exigeante, Kolia finira par se réveiller de son apathie et elle-même, mue par son instinct maternel, n'hésitera pas à précipiter la séparation d'un couple si mal apparié. Le plus pénible pour elle, c'est que cette trahison de son fils à cause d'une femme lui rappelle le détachement de Tchaïkovski, ébloui par les faux-semblants de la renommée. Dans les deux cas, il y a un crime de lèse-fidélité. Mais, si Tchaïkovski a l'excuse d'être séduit par les plus grands noms de l'empire, Kolia se laisse endoctriner par une vulgaire Davydov d'extraction modeste, anoblie par son mariage avec un von Meck et tout juste bonne à faire de la tapisserie ou à assurer les basses tâches ménagères. Or, plus Nadejda multiplie les lamentations et les malédictions dans les lettres qu'elle adresse à Tchaïkovski et moins il met d'empressement à lui répondre. Elle en vient à se dire qu'elle l'ennuie en lui confiant ses chagrins de mère, alors qu'il ne se prive pas de commenter pour elle ses tourments de musicien. Au bout du compte, elle se persuade qu'elle est trop bonne pour son entourage et que ceux qu'elle aime ne méritent ni son dévouement ni sa générosité. Puis, se ressaisissant, elle tente d'imaginer Tchaïkovski dans le tourbillon où l'emporte l'admiration des foules. De tous côtés, on lui prédit une gloire comparable à celle d'un Bach, d'un Beethoven, d'un Schubert... En France, il paraît même qu'un Massenet, un Fauré, un Saint-Saëns le traitent d'égal à égal. Comment pourrait-il trouver le temps de s'occuper d'elle au milieu de ce remue-ménage glorieux ? Elle songe aussi qu'elle a forgé sa propre disgrâce au fil des années, en le poussant dans une carrière où il a réussi trop vite et trop bien pour n'être pas tenté de délaisser son ancienne protectrice. Oui, mais pourquoi, s'il est tellement absorbé par les voyages, les concerts et les réceptions, emploie-t-il ses rares loisirs à se divertir avec son « adorable Bob » ou son « merveilleux Aliocha » ? Goûte-t-il un meilleur plaisir à bavarder sottement avec eux qu'à correspondre cœur à cœur avec elle ? Obsédée par un soupçon inavouable, elle repasse en mémoire les allusions malveillantes qu'elle a entendues au sujet des bizarres « préférences » du « maître ». Elle se rappelle la tendre amitié qu'il vouait à Kotek, les douces épithètes dont il gratifie Bob dans sa correspondance, son désespoir, affirmé de lettre en lettre, lorsque Aliocha a dû le quitter pour accomplir son service militaire, son délire de joie lorsque « le petit » lui a été rendu après une séparation intolérable de plusieurs années, son intention de le garder désormais, quoi qu'il arrive, auprès de lui. Les mauvaises langues citent d'autres jeunes gens dont il rechercherait l'amitié équivoque. Parmi ces nouveaux « admirateurs » qui attisent la jalousie de Nadejda, il y a, à présent, le grand-duc Constantin Constantinovitch. Agé de vingt-six ans, ce neveu du tsar Alexandre III joint à une superbe élégance naturelle la passion des arts, un certain talent de poète et une flatteuse réputation de pianiste amateur. Tchaïkovski est fasciné par cette étoile du firmament dynastique. Les deux hommes se voient souvent, s'écrivent à l'occasion et forment même des projets de collaboration musicale. De tout cela Nadejda est informée par les habituels rapporteurs de ragots. Bien que rongée de jalousie, elle écrit, par convenance, pour féliciter Tchaïkovski de cette nouvelle et glorieuse amitié qui la déchire.

Le 16 janvier 1885, la famille impériale au complet assiste à la quinzième représentation d'*Eugène Onéguine* et l'auteur est convié dans la loge de Sa Majesté. Le tsar, la tsarine et leurs proches le couvrent de compliments, et, suprême distinction, on le questionne sur sa vie et sur ses méthodes de travail. La veille, il a eu la joie d'entendre sa *Troisième Suite* présentée sous la baguette prestigieuse de Hans von Bülow. Et voici qu'Alexandre III lui suggère de composer un opéra d'après *La Fille du capitaine* de Pouchkine. Les souhaits d'un souverain sont des ordres pour un sujet loyal comme Tchaïkovski. Cependant, il hésite à se lancer dans cette nouvelle aventure. En fait, il est constamment distrait de ce projet par des pensées strictement utilitaires. Ce qui lui tient à cœur, maintenant, c'est l'envie récurrente d'avoir une maison, bien à lui, proche de Moscou, où il pourrait s'installer à sa guise et sans en référer à quiconque. *La Fille du capitaine* peut attendre. Le plus urgent, c'est l'acquisition d'un refuge où il pourra se reposer d'âme et de corps en guettant le retour de l'inspiration. Jouant cartes sur table, il explique même, dans ses lettres à la baronne, qu'il entend se fixer avec son inséparable Aliocha en pleine nature, mais pas trop loin de la capitale, et cela jusqu'à la fin de ses jours. D'abord étonnée par cette lubie du compositeur, qu'elle juge désobligeante à son égard vu les avantages qu'elle-même lui offre dans ses différentes propriétés en Russie et à l'étranger, elle finit par se dire qu'en le taquinant sur cette intention aberrante elle démentirait sa réputation de générosité à toute épreuve. Optant pour une demi-mesure, elle lui propose une petite avance sur sa pension habituelle.

Tchaïkovski s'en contente et charge Aliocha de découvrir l'endroit idéal où ils abriteront dorénavant leur amitié. Celui-ci, après avoir prospecté les environs, fixe son choix sur une villa à louer à Maïdanovo, à deux verstes de la petite ville de Kline, dans la province de Moscou. Quelques mois plus tard, le propriétaire de la villa se laisse convaincre et la location se transforme en l'achat, en bonne et due forme, d'un pavillon, toujours à Maïdanovo, à proximité de la maison principale. Voici donc Tchaïkovski propriétaire. Du coup, Nadejda se sent dépossédée de toutes ses prérogatives, humiliée dans ses plus nobles sentiments. Peu lui importe que Tchaïkovski écrive là-bas un poème symphonique, *Manfred*, inspiré par l'œuvre de Byron, qu'il remanie son ancien opéra *Vakoula le forgeron*, et qu'il se soit attelé à la composition d'un nouvel opéra, *L'Enchanteresse*, puisque ces œuvres ne sont pas nées sous son influence à elle et dans une de ses demeures de prédilection. En travaillant dans des lieux qui n'appartiennent pas à la baronne von Meck, c'est Tchaïkovski en personne qui cesse de lui appartenir. Sous le couvert d'un simple changement de résidence, il s'est rendu coupable d'une révolte contre l'autorité et la bonté de sa protectrice. D'ailleurs elle n'a aucun goût pour les opéras, quel que soit leur prétexte. Il lui semble qu'en échappant à sa surveillance et à ses « décors de vie » Tchaïkovski se fourvoie. Elle déplore qu'il ait cédé, cette fois encore, à la tentation de mélanger la pure beauté de la musique avec les artifices convenus du spectacle et le lui écrit sans ambages. Mais décidément il est de bonne composition. Comme s'il avait quelque chose à se faire pardonner! « Vous avez raison, lui répond-il, de considérer avec méfiance une forme d'art aussi peu sincère, mais l'attrait de l'opéra est irrésistible pour un compositeur. L'opéra seul lui offre la possibilité d'entrer en contact avec les masses. » Nadejda en conclut aussitôt qu'il est en train de sacrifier son art au goût, parfois vulgaire, du public et de ses nouveaux amis, parmi lesquels elle range Aliocha, Bob et quelques courtisans de haut vol. Malgré leur différence d'âge et de condition, ils constituent pour elle le clan de ses ennemis, puisqu'ils lui dérobent le cœur de son grand homme. Elle se surprend à souhaiter qu'il reparte au plus vite pour l'étranger afin de se soustraire à la fascination qu'exerce sur lui son entourage masculin.

Il part en effet pour son grand voyage annuel, mais, hélas! accompagné d'Aliocha qui le suit comme son ombre. A Tiflis, le théâtre affiche son *Eugène Onéguine*, puis son *Mazeppa*; à Paris, il se lie avec l'éditeur Mackar qui se fait le promoteur de sa musique en France, rencontre Pauline Viardot, chez qui il compulse avec un respect religieux la partition autographe du *Don*

Giovanni de Mozart, fréquente quelques compositeurs et chefs d'orchestre qui le saluent comme l'un des plus grands musiciens de son pays. Confinée à Plestchéevo, Nadejda en est réduite à respirer, dans les lettres de l'« ingrat », le parfum des succès qui, chaque jour, les réconfortent et les opposent tour à tour. Ce qu'elle souhaite va à l'encontre de ce qu'il désire, lui. Pour la première fois de leur existence, leurs deux cœurs ne battent plus à l'unisson. A qui la faute ? Est-elle trop possessive, trop exclusive ? Ou est-ce lui qui est trop égoïste, trop influençable et trop dispersé ? Mais il suffit de quelques lignes de Tchaïkovski pour qu'elle l'excuse et se remette à espérer elle ne sait trop quoi. Il lui écrit de Constantinople, de Naples, de Rome, de Paris...

Pendant ce temps-là, en Russie, la vie continue, tantôt monotone, tantôt désordonnée, et Nadejda en supporte avec une égale résignation accalmies et bourrasques. Son fils, Vladimir von Meck, se ruine stupidement dans les salles de jeu ; un autre de ses fils, le faible Kolia, subjugué par son infernale épouse Anna, a abdiqué toute volonté, toute identité et s'est fondu dans la tribu des Davydov ; sa fille Lydia s'est totalement germanisée au contact de Levis de Maynard ; son autre fille, Sonia, ayant perdu son premier enfant, s'est remariée, sur un coup de tête ; et la petite Milotchka se révèle déjà si coquette et si gaie qu'elle ne tardera pas à s'éprendre de quelque quidam pour le bon motif. Heureusement Nadejda peut compter sur sa fille Julia, dont elle a toujours contrôlé les sentiments et la conduite afin de l'avoir constamment sous la main. Or, voici que Julia s'avise, elle aussi, d'éprouver un amour autre que filial et d'en confier en tremblant le secret à son ogresse de mère. La baronne l'écoute avec une stupeur horrifiée. Comment pourrait-elle admettre que cette vierge de trente-cinq ans, un peu défraîchie, soit tombée sous le charme d'un homme tel que Vladislav Pakhoulski, employé comme secrétaire, violoniste et factotum des von Meck ? Elle laisse éclater sa colère, face à la coupable qui sanglote, balbutie, mais ne cède pas. Habituée à l'obéissance de ses proches, Nadejda découvre soudain, chez sa propre enfant, l'entêtement d'une passion aussi violente qu'inexcusable. Ivre de rage, elle écrira, le 22 septembre 1888, à Tchaïkovski pour lui apprendre la scandaleuse « trahison » de Julia. « Perte immense et irréparable, je perds ma fille qui m'est indispensable et sans laquelle je ne saurais vivre ! » Mais, entre fiançailles et mariage, la baronne songe qu'une jeune fille a d'innombrables occasions de se raviser et de reprendre sa parole. Aussi refuse-t-elle encore de s'avouer atteinte dans son autorité maternelle, comme elle l'a été dans ses derniers rapports épistolaires avec Tchaïkovski. D'ailleurs n'a-t-elle pas tort de prêter l'oreille aux rumeurs malveillantes qui courent sur le bien-aimé ? Sans doute même est-il plus dégradant pour une Julia de s'amouracher d'un Pakhoulski que pour un Tchaïkovski d'être séduit de temps à autre par de jeunes garçons. Peut-être se contente-t-il avec eux d'innocentes caresses, d'une tape sur la joue, d'un baiser paternel ! Incapable d'imaginer des relations plus intimes, elle se dit que la véritable passion ne saurait se limiter à un contact charnel entre un homme et une femme et qu'il vaut mieux aimer sans distinction de sexe que de ne pas aimer du tout. C'est parce que la musique est d'abord un don total de soi que l'artiste se laisse parfois entraîner à dédier son âme et son corps à qui bon lui semble. Tout ce qui est beau et nouveau dans son entourage exerce sur lui une irrésistible attraction. Ce qui importe à ses yeux, c'est la sincérité de son élan personnel et non la qualité de l'objet convoité. Seuls les esprits timorés peuvent reprocher à un être de choisir un partenaire de plaisir dans son propre camp.

Cependant, alors même que Nadejda invente des arguments pour répondre aux calomniateurs de son grand ami, elle éprouve une gêne à la pensée du grand secret qu'il porte en lui et qu'il n'a jamais osé lui révéler, par crainte de lui déplaire. Comme si elle n'était pas de taille à tout comprendre quand les sentiments et même les actes sont enrobés de musique ! Comme si les aléas de l'existence ne l'avaient pas habituée à reconnaître en tout événement la marque mystérieuse de la fatalité ! Ces dernières années ont été d'ailleurs particulièrement riches pour elle en émotions diverses. Parmi ses proches, les naissances et les morts se sont succédé à un rythme infernal. En septembre 1886, le cher Kolia et l'abominable Anna ont eu une fille, Kyra. Voici Nadejda grand-mère d'un enfant dont le grand-oncle est Tchaïkovski, ce qui mérite une oraison de remerciements devant l'icône familiale. Mais, l'année suivante, Tchaïkovski annonce avec tristesse la mort de sa nièce chérie, Tania Davydov, morphinomane et hystérique. Puis c'est sa propre sœur, Alexandra, la mère de Tania, elle-même droguée au dernier degré, qui disparaît à son tour. Si encore les succès de Tchaïkovski pouvaient atténuer son chagrin ! Mais son dernier opéra,

L'Enchanteresse, créé le 20 octobre 1887 au théâtre de Saint-Pétersbourg, tombe à plat.

Trois semaines plus tard, il n'a pas encore digéré sa défaite et écrit à Nadejda : « Mon opéra n'a guère plu au public et, pour tout dire, n'a eu aucun succès. La presse pétersbourgeoise m'a manifesté une telle hostilité, une telle haine que jusqu'à présent je ne puis m'en remettre ni m'expliquer le sens ni la raison de cette méchanceté [1]. » Emue par son désarroi, Nadejda tente de le persuader que les critiques sont des ânes bâtés, que le nombre de ses admirateurs ne sera pas diminué par leurs divagations malveillantes, et que le monde entier finira par le consacrer comme l'égal des plus grands. Quelques jours plus tard, comme il ne semble pas convaincu par ses arguments et va même jusqu'à lui écrire qu'il la sent « refroidie » à son égard et plus étrangère à lui qu'autrefois, elle explose de charité, d'amour et de fureur revendicatrice. « Au contraire, lui répond-elle, plus le temps passe et plus vous m'êtes cher. Dans notre incorruptible amitié et dans votre éternelle et divine musique, je trouve l'unique source de félicité dont j'ai besoin dans ma vie, mon unique consolation. Quand mon cœur est lourd et

1. Lettre du 13 novembre 1887.

gonflé d'amertume, je fais exécuter le duo de Dunois et du roi dans *Jeanne d'Arc* ou la scène du duel dans *Eugène Onéguine*. J'oublie tout ce qui est lourd, terrestre, je m'envole vers le monde invisible, indéchiffrable où nous attire la musique. Ecoutant votre musique, je baigne dans l'extase. »

Et trois mois plus tard, elle analyse ainsi le fond de son caractère à l'intention du même correspondant[1] : « Je suis une personne qui ne vit que par le cœur ; j'ai toujours besoin d'aimer quelqu'un, de gâter quelqu'un, de me préoccuper du bonheur de quelqu'un ; mais, à présent, je n'ai personne à qui offrir mon dévouement. Les enfants sont devenus si grands qu'on ne peut même plus les gâter et en m'occupant trop d'eux je les ennuierais ; ils ne me donnent pas de petits-enfants à chérir ; j'ai donc transporté mon besoin de tendresse et d'amour sur mes petits chiens ; ils sont très heureux de mes attentions quand je les bichonne [...] ; ils ne protestent pas contre mon acharnement à les choyer parce que eux, au moins, reconnaissent mon autorité. »

En relisant cette lettre avant de la glisser dans une enveloppe, Nadejda se rappelle une lettre

1. Lettre du 16 mars 1888.

fort récente où, parlant de ses relations avec Tchaïkovski, elle avait employé l'expression « notre incompatible amitié [1] ». Et brusquement tout s'éclaire pour elle : elle ne pense plus ni aux enfants, ni aux petits chiens, ni même à la musique. Il lui semble qu'en trois mots, « notre incompatible amitié », elle a résumé le bonheur et le drame de sa vie. Par son obstination à refuser toute rencontre avec Tchaïkovski, tout contact charnel, tout échange de regards, elle a obéi à l'instinct qui pousse les fidèles à aimer Dieu justement parce qu'Il est inaccessible et invisible. Pour les âmes véritablement mystiques, l'Etre suprême n'a nul besoin de paraître pour dominer et inspirer. Au contraire, son absence fait sa force, sa transparence le sacralise. Nadejda vient de découvrir que, croyant s'étourdir en voyageant, elle emporte toujours dans ses pérégrinations une chapelle invisible où la prière n'est que musique. En se privant d'un homme, elle s'est enrichie d'une religion. Devenue une dévote aveugle et radieuse, une nonne laïque, elle devrait en être fière et cependant le doute la taraude. Ayant lutté durant plus de dix ans pour préserver de toute souillure ses relations avec Tchaïkovski, elle se demande si

1. Lettre du 7 décembre 1887.

elle ne l'a pas involontairement incité à chercher son plaisir ailleurs, peut-être même dans des pratiques louches. Cette pensée l'épouvante puis soudain la rassure. Elle a soixante-six ans, il en a quarante-sept. A ces âges-là, entre deux êtres d'élite, il ne peut y avoir que le bercement exaltant de la musique pour contenter à la fois l'esprit et la chair.

VIII

Chaque fois que Nadejda se penche sur son passé, elle est confondue par la vacuité de ses journées en apparence si bien remplies. L'excès de richesse, de confort et de pouvoir lui donne alors le sentiment d'une frustration essentielle et vaguement maléfique. C'est parce qu'elle peut tout obtenir qu'elle n'est satisfaite de rien. En comparaison de sa vie paisible à Plestchéevo et de ses voyages luxueux au-delà des frontières dans un wagon personnel blasonné, la galopade effrénée de Tchaïkovski, de ville en ville, de triomphe en triomphe, à travers l'Europe, lui semble à la fois exténuante et exaltante. Il a beau lui répéter qu'il est à bout de forces, que ces continuels changements de résidences l'exaspèrent et qu'il s'inquiète de l'accueil que le public et la critique réserveront à son prochain concert, elle ne parvient pas à le plaindre. Elle voit même, dans ce contraste entre la banalité dorée de sa propre existence et les glorieuses turbulences de la carrière du compositeur, la marque d'une faveur du ciel envers celui qui a reçu à sa naissance le don surnaturel de la création. Quoi qu'il arrive, il aura pour excuser ses faiblesses ce merveilleux alibi de l'œuvre qu'il mûrit en secret, loin de tous et pour le compte de tous. Que pourrait-on reprocher à Tchaïkovski alors qu'il a acquis par sa musique le droit à la gratitude universelle ? Là où Nadejda ne peut donner que de l'argent à ceux qui en manquent, il donne, lui, un remède infaillible à tous les maux de l'humanité. Et cette offrande mélodieuse ne lui coûte rien. Il savoure une joie solitaire en berçant la foule de ses semblables. De lettre en lettre, il informe la baronne des étapes de sa réussite. Ainsi, dès le début du mois de janvier 1888, lui annonce-t-il fièrement que le tsar vient de lui octroyer une pension annuelle à vie de trois mille roubles argent. « Cette décision m'a non seulement réjoui mais grandement ému, écrit-il. En effet, on ne peut qu'être profondément reconnaissant à ce monarque qui sait reconnaître l'importance d'une activité, non plus exclusivement militaire ou administrative, mais artistique. » Débarquant, à Londres, le 11 mars, il gémit d'avoir trop de succès : « Ce qui est insupportable, ce sont les nouvelles connaissances, les visites, les soirées mondaines, l'obligation de prendre la parole ou d'écouter les autres et l'impossibilité absolue de s'isoler, de se reposer, de lire, bref de faire n'importe quoi qui permette d'échapper aux affreuses contraintes de la vie en société. » Enfin, le 24 avril de la même année, le voici de retour en Russie, jouissant des avantages de sa nouvelle maison de campagne, aménagée en son absence par Alexis à Frolovskoïé, près de la petite ville de Kline.

A lire le compte rendu de ses journées, Nadejda le devine si content d'être chez lui et de n'avoir plus besoin ni de l'hospitalité, ni des subsides réguliers de sa « grande amie » qu'elle regrette l'époque bénie où elle était seule à lui garantir le confort et la sécurité. Aussi est-ce avec une jubilation de revanche qu'elle découvre, dans une lettre datée du 4 juin 1888, que, décidément, il ne peut se passer d'elle pour assurer son train de vie : « Ma très charmante et très chère amie, lui écrit-il, je ne puis m'empêcher de vous déranger, de temps à autre, avec des demandes d'argent. Il vous paraîtra étrange qu'aujourd'hui encore, revenant d'une tournée de concerts à travers l'Europe et bénéficiant d'une pension de l'empereur, je sois à court d'argent. Le fait est que ce long voyage a eu comme conséquence, outre une grande fatigue et l'accroissement de ma notoriété, une accumulation exagérée de dépenses [...]. Aussi, après de longues hésitations, ai-je résolu de vous prier, si possible, de m'envoyer, dès maintenant, la somme prévue dans votre budget pour l'échéance du 1er octobre. Ce faisant, vous m'apporteriez une satisfaction insigne et un grand soulagement au milieu des difficultés pécuniaires que je traverse. [...] Je suis gêné, honteux de vous importuner ainsi ! Soyez en bonne santé et, pour l'amour de Dieu, pardonnez-moi ! »

Il implore son « pardon », alors qu'elle voudrait lui baiser les mains pour le remercier d'avoir de nouveau recours à elle, malgré l'évidente amélioration de sa situation financière. Charmée par ce retour à une raisonnable allégeance budgétaire, elle s'empresse de lui expédier la somme qu'il réclame. Ayant répondu à sa demande, elle songe avec délices que cette aumône n'affectera guère ses comptes personnels, tandis qu'à quelques verstes de là, le bien-aimé en sera si heureux qu'il la bénira telle une messagère de la Providence... La voici mise en rivalité, dans un cœur d'artiste, avec Sa Majesté Impériale. Sans avoir ses entrées à la

Cour, elle se sent tout à coup l'égale des plus grands. Mais la situation pécuniaire de Tchaïkovski est aussi complexe que le programme de ses futures tournées à l'étranger. Peu après avoir sollicité l'aide de Nadejda, il lui apprend qu'on lui propose de se rendre, pour trois mois, aux Etats-Unis, moyennant un cachet fabuleux : vingt-cinq mille dollars. Il confie à la baronne que, malgré la fatigue d'un tel dépaysement, il est tenté d'accepter l'épreuve. Que répondre ? Elle hésite à donner un conseil, sachant qu'elle risquerait, plus tard, de s'en mordre les doigts. Elle ne dit donc ni oui, ni non et se replie sur elle-même. Au vrai, elle a l'impression que, depuis quelques mois, elle n'exerce plus sur lui le même empire qu'autrefois. Il ne lui appartient plus. Du reste, la plupart de ses proches lui échappent. Toutes ses filles, sauf Milotchka, sont casées, mariées, ont fondé un foyer ou volent de leurs propres ailes sans se soucier de leur mère. Le dernier de ses fils, Maximilien, dit Max, vient d'acheter un domaine et y mène une existence opulente et creuse dans la plus pure tradition du clan des von Meck. Et voici que Milotchka elle-même s'apprête à quitter le nid. Le prince Chirinski a demandé sa main. Impossible de refuser un parti aussi honorable, d'autant que la petite a l'air sincèrement éprise. Menacée de se retrouver seule du jour au lendemain, alors qu'elle a espéré garder indéfiniment auprès d'elle cette enfant qui est tout innocence et tout allégresse, Nadejda s'efforce de feindre un légitime contentement alors qu'elle voudrait hurler de désespoir. Parlant de son futur gendre, qui n'a que vingt ans mais publie déjà des articles dans les journaux, se distrait en chassant l'ours en Sibérie et trouve le temps de gérer le domaine familial, elle écrit à Tchaïkovski : « Je vous demande de souhaiter tout le bonheur possible à cette "fiancée-enfant". Le jeune couple témoigne d'un amour réciproque tout à fait remarquable ; qu'adviendra-t-il par la suite ? L'avenir est entre les mains de Dieu [1]. » Elle termine sa lettre en admirant une fois de plus la prodigieuse ascension de Tchaïkovski, dont la gloire franchit les frontières de la patrie, et compare son essor à celui d'un oiseau échappé de sa cage et survolant le monde entier à grands coups d'ailes.

Flatté d'être un des premiers à être mis dans la confidence des « fiançailles princières » de Milotchka, Tchaïkovski répond, le 12 juillet 1888, à son inestimable baronne : « Comme je suis heureux d'apprendre qu'elle va épouser un

1. Lettre du 5 juillet 1888.

homme qui vous est tellement sympathique ; j'avoue même que je me réjouis à l'idée qu'elle deviendra princesse. Cependant mon cœur se serre en pensant à vous. L'absence de votre fille cadette vous sera, j'imagine, difficile à accepter, du moins les premiers temps. Elle apportait tant d'animation et de charme dans votre vie familiale ! [...] Quoi qu'il en soit, on ne peut que se féliciter de la voir se marier par amour avec un jeune homme aussi remarquable. »

Pourtant, ces congratulations matrimoniales ne font pas oublier à Tchaïkovski les tracas matériels qui l'assaillent. Le 22 août 1888, il écrit encore à Nadejda pour quémander une aide pécuniaire, en avance sur le versement prévu au « budget ». « L'hiver prochain, assure-t-il, mes affaires vont s'arranger et, comme vous le savez, je vais même peut-être m'enrichir pour de bon. Mais, actuellement, les circonstances se conjuguent de façon telle que je suis dans l'obligation de solliciter ardemment de votre générosité l'envoi immédiat des trois quarts de la somme prévue au budget pour l'année prochaine, autrement dit quatre mille roubles argent. Je vous demande même instamment, si possible, de me les faire parvenir aux environs du 2 septembre. »

Sans hésiter, Nadejda obtempère. Qu'est-ce que quatre mille roubles pour elle ? Une brindille dans une meule de paille ! De loin, elle imagine la joie du bien-aimé en voyant sa signature au bas du chèque. C'est sa façon à elle de savourer la plénitude de la possession. Jamais la petite Milotchka ne connaîtra pareille jouissance dans les bras de son mari. Quand Tchaïkovski annonce à Nadejda que « grâce à elle » il a repris courage, et qu'il s'est remis à la correction de sa *Cinquième Symphonie* et à la composition d'une « ouverture-fantaisie » pour un *Hamlet*, elle jubile comme à la promesse d'un rendez-vous d'amour. « Ma fatigue est immense, lui écrit-il le 14 septembre 1888, je travaille comme un forcené, avec une assiduité passionnée, due sans doute à l'idée que je dois me dépêcher car le temps m'est compté. » Une pareille ardeur à la tâche réjouit Nadejda et l'attriste tout ensemble. Subitement elle s'avise que Tchaïkovski, inattaquable en tant que musicien, présente de nombreux défauts en tant qu'homme. Le souci de son œuvre le rend anormalement égoïste et l'empêche de s'intéresser aux êtres qui le chérissent le plus sincèrement. Mais n'est-ce pas précisément cette monstrueuse indifférence aux préoccupations du commun des mortels qui lui permet de consacrer ses facultés d'émotion et d'invention à la seule musique ? Un compositeur d'une pareille envergure peut-il être à la fois attentif à la vie qui passe et à l'art qui est éternel ? Ne doit-il pas choisir entre quelques obligations envers ses semblables et la mission primordiale dont Dieu l'a chargé ? Ne commettrait-il pas un sacrilège en se détournant, même momentanément, de ce but essentiel pour s'occuper des humeurs de tout un chacun ? Si, bien sûr, décide Nadejda. Mais la vraie question est ailleurs : au fond, ce qui la tarabuste, c'est l'étrangeté des réactions de Tchaïkovski devant certains événements de son destin. Ainsi estime-t-elle que son génie devrait le rendre insensible aux fumées de la gloire. Et puis, il pourrait mieux choisir ses relations, être plus circonspect dans ses amitiés masculines. Pourquoi diable s'est-il entiché de ce jeune Bob dont il avoue ne plus pouvoir se passer ? Que trouve-t-il de remarquable à cet adolescent aux gentillesses équivoques et au sourire engageant ? Agacée par les remarques flatteuses dont le maître émaille ses lettres quand il parle des qualités morales de son protégé, elle tente de le raisonner en lui annonçant, par dérision, qu'elle aussi vient d'être gratifiée d'une grande joie, car sa chienne préférée Bleuette a mis bas récemment une portée de chiots adorables. Mais Tchaïkovski ne relève pas l'ironie amère de l'information.

Déçue par l'aveuglement du bien-aimé, Nadejda essaie de se consoler de son dénuement affectif en redoublant d'attentions envers les membres de sa famille. Mais il semble que, dans la petite tribu, personne n'ait besoin de ses avis ni de son dévouement. Toutes les femmes de son entourage ne sont que des ventres. Les unes se dépêchent de se faire engrosser, les autres pouponnent avec extase, d'autres encore ne rêvent que d'être aimées et fécondées à leur tour. Quelle est donc cette idée fixe qui les rend si impatientes d'être pénétrées et de donner le jour à un morceau vivant et vagissant d'elles-mêmes ? N'y a-t-il que Nadejda au monde pour situer les passions de l'âme au-dessus de l'instinct animal ? C'est peut-être parce qu'elle n'a jamais subi le contact charnel de Tchaïkovski qu'elle a le droit de mépriser celles qui n'obéissent qu'aux exigences du sexe. L'abstinence qu'elle s'est imposée dans ses rapports avec le compositeur les grandit tous deux et les enferme, côte à côte, dans les sortilèges d'une musique qui, à elle seule, justifierait la présence des hommes sur la terre. Sûre du suprême bonheur qu'elle goûte dans cette ascèse, elle n'ose jurer cependant qu'il en est de même pour lui et qu'il ne cherche pas ailleurs, auprès de quelque admiratrice effrontée ou de quelques éphèbes accommodants, les satisfactions physiques qu'elle lui a toujours refusées. De nouveau, les racontars que suscitent, çà et là, les prétendus écarts de conduite de Tchaïkovski la dérangent dans la dévotion qu'elle voudrait continuer à lui témoigner. Le prince Chirinski, ce gendre exécrable qui a subjugué en quelques mois la naïve Milotchka, ne se gêne pas pour faire allusion dans la conversation aux mœurs étranges du « grand homme » et pour s'étonner de l'adoration éperdue que lui voue Nadejda. Il rapporte même à ce sujet des anecdotes scabreuses auxquelles Nadejda évite de prêter l'oreille. D'ailleurs, ce Chirinski ne perd pas son temps en vaines galanteries. A peine mariée, Milotchka se retrouve enceinte. Hélas ! ce couple si mal assorti semble déplaire à Dieu autant qu'à la baronne. Dès le 9 mars 1889, Nadejda avoue dans une lettre à Tchaïkovski qu'elle est tourmentée nuit et jour par le sort de son infortunée Milotchka, esclave d'un homme sans foi ni loi : « Son mari a un caractère tellement odieux qu'il se querelle avec tous ses proches, il est jaloux, brutal, égoïste, et, en outre, dépensier à un tel point qu'il est en train de dilapider la fortune de son épouse. Cette malheureuse enfant, ma Milotchka, l'aime de toute son âme et elle s'imagine bien sûr que tout le monde est injuste envers lui ; cela lui fait mal et elle ne sait comment y remédier. Mais celle qui souffre le plus, évidemment, c'est moi ! Je n'en dors plus la nuit. » Pour comble de malchance, alors que Milotchka vient d'accoucher d'une fille, le feu se déclare sans raison apparente dans la maison où elle loge avec son mari. Rapidement alertés, les voisins et des pompiers appelés en renfort parviennent à maîtriser l'incendie et à transporter la mère et l'enfant dans une ville voisine. Mais si toutes deux sont saines et sauves, Milotchka a subi une telle emotion que les médecins envisagent pour elle une longue convalescence à l'abri de toute contrariété. Certes, Nadejda est impatiente de rendre visite à la rescapée et cependant elle s'interdit de le faire. « Maintenant, Milotchka est sur pied, écrit-elle le 24 juillet 1889 à Tchaïkovski, mais bien entendu, je ne cherche pas à la voir car, si j'allais là-bas, je risquerais de rencontrer son mari. » Dans la même lettre, elle demande à Tchaïkovski la permission de lui adresser dès maintenant la somme prévue dans « le budget » pour la période du 1er octobre 1889 au 1er juillet 1890, soit quatre mille cinq cents roubles. « Cela m'arrangerait de régler (ce qui vous est dû) à la date du 1er juillet, car durant cette période de l'année je me trouve généralement en Russie. Si vous m'autorisez à le faire, mon cher ami, pourriez-vous, étant vous-même à Moscou, vous rendre chez moi, à la maison, pour recevoir des mains d'Ivan Vassiliev [son factotum] un pli contenant le chèque que je lui aurais fait tenir préalablement afin qu'il vous le remette en mains propres. Si cela vous paraît possible, ne tardez pas à m'en prévenir. »

Le « cher ami » accepte la proposition, mais cet arrangement financier ne suffit pas à réconcilier Nadejda avec les complications de sa vie de femme trop riche, trop seule et trop exigeante. L'idée s'implante dans son cerveau qu'une menace occulte pèse sur sa famille. Quel crime a-t-elle commis pour que ses proches et elle-même soient victimes du mauvais œil ? Que ce soit Julia, livrée à un Vladislav Pakhoulski minable et souffreteux, ou l'aimable Vladimir Davydov qui se ruine à la table de jeu, ou Nicolas von Meck dont la fille, Tania Davydov, est morte droguée et à demi folle, la baronne von Meck a l'impression d'assister à une farandole de pantins. Ivres d'amour charnel, de cupidité et d'orgueil, ils célèbrent devant elle le triomphe de la viande sur l'esprit, de la prose sur la poésie, de l'éphémère sur l'éternel. Et, chose stupéfiante, tous ces couples, pressés de vivre et de jouir, se dandinent aux sons d'une musique qui lui est familière. Un chef d'orchestre, invisible et probablement diabolique, préside à leurs évolutions. Il s'appelle Pierre Illitch Tchaïkovski.

IX

Ruminant ses déceptions successives, Nadejda songe avec nostalgie au temps où Tchaïkovski tenait compte de ses avis dans la conduite de sa carrière. Aujourd'hui, qu'il s'agisse de son œuvre ou de sa vie, il semble indifférent à l'opinion qu'elle mijote dans son trou de campagne. Il sait pourtant qu'elle tient l'opéra pour un genre musical bâtard et qu'elle ne partage pas son admiration pour *La Dame de pique*, cette nouvelle fantastique de Pouchkine dont il s'est entiché. Jadis il aurait sollicité dix fois son approbation avant de se mettre à l'ouvrage. Mais, depuis qu'il a pris ses distances avec elle, il écoute d'autres conseillers, son frère Modest, Aliocha, Bob, quelque altesse mélomane, quelque intrigante habituée des salons. D'ailleurs, Nadejda se refuse à prendre ombrage de ces trahisons. Sa lassitude chronique, ses rhumatismes déformants, ses migraines récurrentes, ses pertes de mémoire lui ôtent jusqu'au désir de reprendre la plume. Cependant elle espère encore qu'il renoncera à ce projet qu'elle désapprouve. Or, voici qu'elle reçoit une lettre de Tchaïkovski expédiée de Rome, le 27 mars 1890, dans laquelle il lui annonce qu'il a entrepris la composition de *La Dame de pique*, que le travail avance très vite et qu'il compte avoir terminé son orchestration dans trois semaines. Placée brusquement devant le fait accompli, Nadejda s'offense de cette précipitation comme d'un manque d'égards envers sa personne. Elle a certes lu autrefois la nouvelle de Pouchkine, mais n'y ayant pas trouvé matière à un opéra, elle reprend le livre pour vérifier la justesse de sa première impression. Qu'est-ce donc qui a pu captiver Tchaïkovski dans l'aventure de Hermann, ce jeune officier ambitieux, calculateur, amoral et cynique ? Ayant entendu parler d'une vieille comtesse dépositaire d'un fabuleux secret – celui de trois cartes dont la combinaison permettait à l'initié de gagner au jeu des sommes considérables –, le héros du récit s'introduit en pleine nuit chez elle, la supplie de le faire bénéficier de sa martingale, la menace même de son pistolet pour l'obliger à lui dévoiler l'arcane magique, mais elle meurt de saisissement à la vue de l'arme braquée sur elle et il s'enfuit épouvanté sans qu'elle lui ait rien révélé. Peu après, il croit apercevoir le fantôme de la vieille femme, venue de l'au-delà pour lui livrer la mystérieuse formule. Se croyant exaucé, il court tenter sa chance au tapis vert en jouant les trois cartes que la revenante lui a indiquées. Mais, au moment d'abattre l'as gagnant, il s'aperçoit qu'il tient dans sa main une dame de pique. La morte s'est vengée de lui en le bernant à la dernière minute, par-delà le tombeau. Horrifié et ruiné, il sombre dans la folie. Ce qui frappe Nadejda, alors qu'elle relit avec attention ce conte maléfique, c'est le caractère résolu et froidement matérialiste de Hermann, prêt à tout pour gagner de l'argent, et le désarroi de la vieille comtesse, que sa richesse et son aridité de cœur ont transformée, peu à peu, en une hideuse despote en chambre. Cette aïeule assise sur son trésor n'est-elle pas, aux yeux de Tchaïkovski, la baronne von Meck en personne qui ne sait que faire de ses millions, et l'officier aventureux qui l'implore, n'est-ce pas le compositeur lui-même, toujours en train de quémander quelques roubles auprès de sa bienfaitrice ? Au bout d'un moment, elle s'avise de l'étrangeté d'une comparaison aussi désobligeante pour elle que pour lui, et, reprenant ses esprits, décide d'accorder à Tchaïkovski les circonstances atténuantes que mérite son génie. Ainsi, au beau milieu d'un voyage d'agrément en Allemagne, se préoccupe-t-elle, une fois de plus, de faire parvenir en temps voulu les subsides habituels au musicien, lequel réside pour le moment en Russie, dans son domaine de Frolovskoïé. Comme l'année précédente, elle est prise de scrupules et lui écrit d'Ems le 28 mai 1890 pour s'excuser : « Mon très cher ami, j'ai une requête à vous soumettre : l'échéance de la somme mensuelle prévue à mon budget tombe le 1er juin et je ne serai de retour à Moscou que le 1er juillet. Me permettez-vous de retarder de quelques jours l'envoi de mon chèque ? Ne manquez pas de me faire parvenir votre réponse ; si ma demande vous cause le moindre souci pécuniaire, je vous prie instamment de ne pas hésiter à me le dire : je donnerai des instructions pour qu'on vous fasse parvenir directement et immédiatement la somme depuis Moscou. » Ebloui par cet excès de ponctualité dans la bienveillance, Tchaïkovski ne peut que se répandre en remerciements. Le 1er juillet 1890, à la date prévue dans leur nouvel accord, il confirme avoir touché son « dû » : « Ma chère et inestimable amie, Ivan Vassiliev [l'émissaire ordinaire de Nadejda] vient d'arriver [à Frolovskoïé] porteur d'une lettre de vous avec, à l'intérieur, les six mille roubles argent inscrits au budget. Je vous en suis infiniment reconnaissant! » Tout semble donc être rentré dans l'ordre. Et cependant, à peine Nadejda a-t-elle discipliné ses pensées moroses et accepté son destin d'éternelle donatrice que des doutes alarmants l'assaillent. Les remarques amères de ses enfants au sujet de la pension qu'elle verse à son idole au risque d'entamer leur futur héritage, les allusions sarcastiques de son frère à la double vie de certains personnages célèbres, la rumeur courant dans les salons sur les préférences équivoques d'un homme qu'elle s'obstine à diviniser, tout cela lui donne le sentiment d'être au bord d'une vérité aveuglante. Cette clarification, elle la souhaite et la redoute à la fois. Après de douloureux atermoiements, elle en vient à se demander si, toute sa vie durant, elle n'a pas été le dindon d'une farce indigne. Ensorcelée par un charme, elle a longtemps cru que Tchaïkovski et sa musique ne faisaient qu'un et qu'elle pouvait se fier à lui comme elle se fiait à son art.

Refusant l'évidence, elle ne soupçonnait pas, dans sa naïveté foncière, qu'il se moquait d'elle et n'en voulait qu'à son argent. Bernée de bout en bout, c'est aujourd'hui seulement qu'elle découvre le ridicule de sa situation. Nul doute que, pour toute la haute société de Russie, elle ne soit la « bailleuse de fonds » d'un artiste peu scrupuleux, l'indéfectible bienfaitrice d'un aigrefin de génie, la caricature de l'égérie dont elle aurait voulu laisser l'image à la postérité. C'en est trop ! Par respect pour elle-même, elle doit mettre fin à cette parodie d'amitié. Elle n'a jamais hésité à trancher dans le vif pour assainir les relations ambiguës. Le 13 septembre 1890, au paroxysme de son ressentiment, elle écrit à Tchaïkovski pour l'aviser que de nouveaux revers de fortune l'empêchent de lui servir désormais la pension qu'elle lui allouait depuis près de trente ans. C'est la rupture ! Au moment de signer l'acte de répudiation, elle imagine le désarroi de Tchaïkovski en découvrant l'étendue du désastre. Sans être rancunière, il ne lui déplaît pas de châtier à sa façon le responsable de leur mésentente réciproque. Comment va-t-il réagir ? Avec fierté, avec humilité, avec tristesse ? Quelques jours plus tard, elle est fixée. La réponse de Tchaïkovski est datée du 22 septembre 1890. A la fois plaidoyer et lamentation, la lettre a été postée par lui à Tiflis, où il est en tournée. « Les nouvelles que m'apporte votre lettre, reçue à l'instant, m'attristent profondément, non en songeant à ma situation personnelle mais en évoquant la vôtre. Certes, je vous mentirais en vous disant que cette coupe radicale dans mon budget n'aura pas de répercussions et n'affectera pas mon bien-être matériel. Cependant, elle me gênera moins que vous ne l'imaginez [...]. L'important, ce n'est pas le fait que je serai obligé pendant quelque temps de réduire mes dépenses, mais le fait que vous, avec vos habitudes, avec votre train de vie somptueux, allez être contrainte à vous restreindre. C'est affreusement affligeant et vexant. J'éprouve le besoin de trouver un coupable à cette situation car je sais bien que ce n'est pas votre faute, à vous, alors que je ne sais absolument pas qui est le vrai responsable de tout cela. [...]. Il vaut mieux que je demande à Vladislav Albertovitch [Pakhoulski] qu'il m'écrive à l'occasion et qu'il me dise comment vous comptez vous organiser, où vous allez vivre et dans quelle mesure vous aurez à pâtir de ces privations. Vous ne pouvez savoir combien je souffre et combien j'ai peur pour vous. Je ne puis vous imaginer privée de votre richesse !... Les derniers mots de votre lettre m'ont quelque peu offensé et je n'imagine pas que vous puissiez sincèrement penser ce que vous m'écrivez. Est-il possible que vous me croyiez prêt à oublier un seul instant tout ce que vous avez fait pour moi et tout ce que je vous dois ? Je puis dire sans exagération que vous m'avez sauvé, que j'aurais certainement perdu la raison et me serais effondré si vous n'étiez venue à mon aide et ne m'aviez soutenu par votre amitié. Cette sollicitude et ces secours matériels furent alors mon ancre de salut. Ils contribuèrent à renforcer mon énergie vacillante et à assurer mon ascension dans la carrière [artistique]. Chère amie, soyez persuadée que je me souviendrai de vous jusqu'à mon dernier soupir et que je vous bénirai toujours. Je suis heureux à présent ; alors que vous n'avez plus les moyens de me venir en aide financièrement, je vous exprime avec force ma fervente et incommensurable gratitude. [...] Je puis dire, en pesant mes mots [...] que chaque fois qu'il m'arrive de penser à moi, c'est vous que je rencontre invariablement dans mon esprit. Je baise ardemment vos mains et je vous prie de retenir pour toujours que nul plus que moi ne compatit à votre sort et ne prend part plus que moi à vos malheurs actuels [...]. Pour l'amour de Dieu pardonnez cette écriture hâtive et désordonnée, mais je suis trop bouleversé pour écrire lisiblement. »

Malgré l'humilité et la désolation patentes de la lettre, Nadejda campe sur ses positions.

Ayant décidé une fois pour toutes que Tchaïkovski ne voit en elle que sa pourvoyeuse attitrée et que, dans son for intérieur, il la compare à la vieille comtesse dominatrice et atrabilaire du récit de Pouchkine, elle ne juge pas utile de lui accuser réception de son placet. De même qu'elle s'était complu jadis à imaginer la vie de Tchaïkovski en s'interdisant de le rencontrer, de même elle tente de se représenter les travaux, les amitiés, les projets de cet homme qui hante sa pensée mais à qui elle refuse la faveur de ses lettres et de son argent. Clouée dans son superbe domaine par ses malaises, sa fatigue et la méfiance qu'éveille en elle tout visage nouveau, elle se contente de suivre par les journaux et par les rares confidences de son entourage les allées et venues de l'infatigable compositeur. Ainsi apprend-elle que *La Dame de pique* a été créée au théâtre Marie de Saint-Pétersbourg avec un succès dépassant les prévisions les plus optimistes ; plus tard, voici que Tchaïkovski s'embarque pour les Etats-Unis et qu'il y entame une carrière époustouflante ; tous l'acclament comme l'ambassadeur officiel de la musique russe ; puis, à peine est-il revenu en Russie que la presse se fait l'écho de son passage triomphal à Varsovie, à Hambourg, à Paris... N'en a-t-il pas assez de ces battements de mains et de ces clameurs ? En apprenant, par des indiscrétions, qu'il s'est remis à de nouvelles compositions, elle ne peut que déplorer son choix ; après *La Belle au bois dormant* et *La Dame de pique*, il paraît qu'il s'est attelé à un genre musical qu'elle n'apprécie guère : le ballet, avec *Casse-Noisette*. Ensuite, c'est un autre opéra, *Yolanta*. La baronne von Meck estime qu'il en fait trop, qu'il se disperse. En dépit de la rancune qu'elle nourrit à l'égard de Tchaïkovski, elle regrette parfois d'avoir renoncé à lui écrire et de ne pouvoir, par conséquent, discuter avec lui de ses futures compositions. Quand elle est tenaillée par un retour de curiosité, elle interroge son gendre Pakhoulski, lequel, après avoir approuvé et peut-être même encouragé la rupture de sa belle-mère avec le compositeur, est resté en bons termes avec celui-ci. Grand amateur d'intrigues et de ragots, il n'hésite pas à mettre sous les yeux de Nadejda une lettre de son ancien soupirant, datée du 18 juin 1892.

« Ce qui me touche, me trouble et, avouons-le, m'offense profondément, y confie Tchaïkovski à Pakhoulski, ce n'est point qu'elle [Nadejda] ait complètement cessé de s'intéresser à moi. Si elle désirait avoir de mes nouvelles, il n'y a rien de plus facile ; Julia Karlovna [fille aînée de la baronne] et vous pouviez être ses interprètes. Pas une fois elle n'a prié l'un de vous de s'enquérir de ma vie et de mes affaires. [...] Vous savez certainement qu'en septembre dernier Nadejda Philaretovna m'a informé que, étant ruinée, elle me retirait son aide pécuniaire. Vous avez probablement vu ma réponse. Ce que je désirais par-dessus tout, c'était qu'il n'y ait rien de changé dans mes relations avec elle, maintenant qu'elle avait supprimé ma pension. Malheureusement, cela paraît hors de question car, de toute évidence, Nadejda Philaretovna s'est tout à fait refroidie à mon égard. J'ai par conséquent cessé de lui écrire et tout lien a été brisé entre nous du jour où l'argent ne m'est plus parvenu. [...] Cet automne, à la campagne, j'ai relu toutes les lettres de Nadejda Philaretovna et, pendant ma lecture, je pensais qu'il était impossible que la maladie, les angoisses ou les soucis financiers aient pu altérer à ce point les sentiments qu'elle m'exprimait... Ils ont pourtant changé. Est-ce parce que je n'ai jamais rencontré Nadejda Philaretovna que je me suis fait d'elle une image idéale ? D'une telle personne, presque divine, je ne pouvais imaginer pareille trahison. Pourtant c'est arrivé et toute la foi que je pouvais avoir en mes semblables, toute ma confiance en ce monde ont été abolies.

J'ai perdu ma tranquillité et tout le bonheur que me réservait le destin en a été empoisonné. Sans le vouloir, Nadejda Philaretovna s'est conduite avec la dernière cruauté à mon égard. Jamais encore je n'ai été aussi humilié, aussi durement blessé dans ma fierté qu'à présent. Et le plus pénible, c'est que, vu le mauvais état de santé de Nadejda Philaretovna, je n'ose risquer de lui faire de la peine ou de la contrarier en lui révélant combien je suis torturé. [...] Assez là-dessus. Je regretterai peut-être de vous avoir écrit, mais je n'ai pu résister plus longtemps au besoin d'épancher l'amertume accumulée dans mon cœur. Pas un mot, bien entendu, à Nadejda Philaretovna ! Si elle s'informe de moi, dites-lui que je suis revenu sain et sauf d'Amérique et me suis installé à Maïdonova pour travailler. Je vais bien. Ne répondez pas à ma lettre. »

Nadejda se délecte en lisant cette complainte qu'elle a suscitée. Aucun remords ne la visite. Elle éprouve même un bizarre sentiment de victoire. Mais sur qui ? Sur Tchaïkovski ou sur elle-même ? De son côté, Pakhoulski répond à Tchaïkovski en lui répétant que la baronne est malade physiquement et moralement et que sa « dépression nerveuse » risque de s'aggraver si on remue devant elle des souvenirs qu'elle voudrait oublier. Cette fin de non-recevoir a d'ailleurs l'approbation tacite de la baronne. Certes, elle n'ignore pas que Pakhoulski a toujours été jaloux de la renommée de Tchaïkovski, qu'il a considéré l'éloignement du compositeur comme une performance personnelle et qu'il se réjouit maintenant, le terrain étant déblayé, de profiter de la confiance exclusive de sa belle-mère. Au vrai, elle n'est pas dupe du soi-disant désintéressement de son gendre. Mais elle apprécie qu'il soit au courant des potins de la capitale et, par ricochet, des faits et gestes du grand homme qui l'a déçue et qu'elle ne cesse de maudire tout en se réjouissant des glorieuses péripéties de sa carrière. Décidée à couper tous les ponts avec lui, elle s'applique de jour en jour à mieux le haïr, comme si elle le rendait responsable de l'admiration amoureuse qu'il lui a longtemps inspirée. Elle lui en veut de l'avoir séduite, de s'être joué d'elle et d'avoir accepté de l'argent en échange des retombées de son génie. Si encore elle avait trouvé une compensation à cette honteuse mascarade dans la réussite sociale des membres de sa famille ! Mais de quelque côté qu'elle tourne ses regards, c'est la faillite, la bassesse et le trompe-l'œil. Son fils aîné Vladimir l'a entraînée dans de graves déconfitures financières. Elle en est réduite à demander parfois conseil et assistance à sa fille aînée Julia. Et l'affreux Pakhoulski s'active dans l'ombre pour leur éviter à tous d'être ensevelis sous les dettes. Pendant ce temps-là, Tchaïkovski, lui, continue à créer, à prospérer, à voyager et à se faire ovationner aux quatre coins du monde. Il y a là une injustice flagrante dont Nadejda se félicitait hier et qui la révolte aujourd'hui. Alors qu'elle voudrait oublier l'ingrat pour ne plus souffrir, elle apprend qu'il vient de composer de *Charmants Souvenirs de Florence* et une *Sixième Symphonie*, dite *Symphonie pathétique*, dédiée, d'après certaines indiscrétions, à ce jeune Bob qui lui a tourné la tête. Elle n'ose croire à une telle infamie. D'autant que la *Symphonie pathétique* est un chef-d'œuvre de sensibilité, d'invention technique, d'harmonie et que, par amitié et gratitude envers elle, ou même par simple correction, c'est à elle qu'il aurait dû réserver cet hommage. Rongée de dépit et de jalousie, elle demande des explications à tous ceux qui ont l'occasion d'approcher le compositeur. Or, on lui dit que, dans une lettre à l'éditeur Jurgenson, datée du 8 octobre 1893, Tchaïkovski a été on ne peut plus net : « S'il te plaît, mon cher, inscris ceci sur la couverture [de la *Symphonie pathétique*] : A Vladimir Lvovitch Davydov (Bob). » Avertie de cette dernière volonté de l'auteur, Nadejda hésite à affronter la vérité toute crue. Est-ce un instinct paternel dévoyé ou quelque autre lubie scélérate qui le pousse à rechercher la compagnie de ce garçon ? Vacillant au bord de la révélation, Nadejda refuse de jeter un regard dans le gouffre d'une conscience qu'elle a cru combler et même dominer. Elle préfère s'indigner dans une demi-ignorance, par principe, par tradition. Dans ses moments de grande colère, elle décrète, au nom d'une pitié dogmatique et féroce, que le génie du musicien ne suffit pas à justifier la fausseté et la veulerie de l'homme. Tout au contraire, ce qui est tolérable chez le commun des mortels devient inadmissible chez celui dont le front a été touché, à sa naissance, par la lumière divine. En se laissant aller à ses plus bas penchants, Tchaïkovski s'est sali et l'a salie elle-même. Désormais, chaque fois qu'elle pense à l'homosexualité avérée de Tchaïkovski, elle a l'impression de recevoir un crachat en pleine figure. Ne l'a-t-il pas trompée avec ses mots autant qu'avec ses notes ? Comment imaginer qu'il ait une double existence : la première, vouée à la vile pédérastie, la seconde à la plus sublime des musiques ? Ce personnage qui se présente comme l'interprète idéal des vicissitudes et des joies de toute l'humanité ne se soucierait-il que de sa seule carrière ? Le cerveau du maître a beau se répandre en illusions généreuses, son piano ne sait pas mentir. Avec une sorte de répulsion épidermique, Nadejda tente de se représenter, par-delà sa naïveté habituelle, deux hommes se câlinant, s'embrassant sur la bouche, parfois même moustache contre moustache, et l'un de ces hommes serait Tchaïkovski. Mais, d'après ce qu'on raconte, ce sont surtout les jeunes garçons qui l'attirent. Un Bob et ses semblables, voilà sans doute son ordinaire. Et là, aux yeux de Nadejda, la perversion se change en profanation. L'image de cet accouplement masculin est si obsédante qu'elle la chasse comme une vision de cauchemar. D'ailleurs, l'entourage familier de Nadejda la tourmente presque autant que son musicien bifide. Malade, à demi ruinée, elle apprend, sans y attacher la moindre importance, que Tchaïkovski est de nouveau en voyage, qu'il vient d'être fait « docteur honoris causa » à Cambridge, le 16 octobre 1893, et qu'il a conduit lui-même superbement l'exécution de sa *Sixième Symphonie* à Saint-Pétersbourg. Comment peut-il trouver du plaisir à s'agiter, à composer, à vivre, alors qu'elle-même tient à peine sur ses jambes et qu'elle s'essouffle au moindre mouvement ? Pour elle, chaque journée est une promesse de grisaille et d'ennui immobile. Elle s'étonne de l'effervescence du monde qui l'entoure. Qu'ont-ils tous à remuer, à palabrer, à faire des projets! Tout le pays s'apprête à fêter l'alliance de la Russie et de la France, symbolisée par la visite de la flotte russe à Toulon afin de répondre à la visite que la flotte française a faite, deux ans plus tôt, à Cronstadt. De grandes réjouissances vont certainement marquer l'événement pour les deux nations amies. Mais, fait étrange, alors que s'enfle parmi ses compatriotes cet optimisme politique, Nadejda constate, chez certains d'entre eux, une recrudescence de soupçons à l'égard de l'homosexualité de Tchaïkovski. De tous côtés, elle entend dire maintenant que le tsar lui-même estime qu'un grand artiste trahit son public et sa vocation en se livrant à des pratiques condamnables. On murmure aussi qu'un membre de la famille impériale, le grand-duc Constantin Romanov, a été contaminé par l'exemple du compositeur et que la Cour en est consternée. Or, l'inversion sexuelle, bien qu'elle soit pratiquée clandestinement dans certains milieux aristocratiques, est considérée en Russie, à l'époque, comme un crime contre nature, passible de la perte des droits civiques, de la disgrâce et de l'exil en Sibérie. Certains esprits bien informés prétendent même que, sans attendre la condamnation officielle de Tchaïkovski, un tribunal d'honneur va se réunir incessamment pour lui infliger un blâme et que, ainsi fustigé par un concile d'hommes intègres, il ne lui restera plus d'autre issue que la fuite à l'étranger ou la mort.

Quand elle imagine la déchéance publique qui guette Tchaïkovski, Nadejda ne sait si elle doit s'en réjouir ou s'en alarmer. Elle ne l'aime plus assez pour le plaindre de ce faux pas et elle l'aime trop encore pour s'en féliciter. Heureusement l'opinion publique est versatile. Voici que l'attention de ceux-là mêmes qui s'apprêtaient à traîner le musicien dans la boue à cause de sa pédérastie se détourne de lui, pour suivre le déroulement d'une affaire autrement importante et qui les concerne tous : la prolifération des cas de choléra à Saint-Pétersbourg. Cependant on est habitué à ce genre d'alertes dans la capitale. Il suffit de prendre un minimum de précautions pour échapper au fléau. D'ailleurs, en Russie, les distances protègent mieux que n'importe quels remèdes. Réfugiée dans son trou de campagne, Nadejda décide qu'elle n'a nulle raison de s'alarmer.

Soudain, dans les gazettes qui lui parviennent

de la capitale, elle lit avec stupeur que, le 25 octobre 1893, le fameux compositeur Pierre Illitch Tchaïkovski a succombé à l'épidémie. Selon les journalistes qui relatent les faits, il aurait contracté cette maladie en buvant de l'eau non bouillie au cours d'un dîner dans un restaurant. Au milieu de la confusion de ses pensées, Nadejda se demande avec horreur si la mort de Tchaïkovski la comble comme une revanche sur les agissements d'un infidèle ou l'accable comme si elle était sa veuve. Déjà des rumeurs suspectes, issues de Saint-Pétersbourg et de Moscou, troublent son jugement. *La Gazette de Saint-Pétersbourg* s'étonne que, Tchaïkovski ayant été victime du choléra selon la version officielle, son corps ait été exposé dans un cercueil ouvert au milieu de l'église, le jour de ses obsèques, afin que ses proches puissent lui donner un baiser d'adieu. Pourquoi n'a-t-on pas observé les précautions d'usage puisqu'il y avait risque de contagion ?

Çà et là, des bavards bien informés prétendent que le compositeur n'est pas mort du choléra mais s'est suicidé pour échapper à un affreux scandale. Accusé de s'être livré à des pratiques homosexuelles et menacé d'une révélation publique qui aurait ruiné sa carrière et entraîné dans l'opprobre plusieurs personnes qui lui sont chères, il a préféré disparaître, pour clore le bec à tous ces gens de bonne conscience et de mœurs irréprochables. Parvenue à ce point de ses réflexions, Nadejda finit par admettre que si Tchaïkovski, au lieu de s'empoisonner, de se pendre ou de se tirer une balle dans la tête, a préféré boire de l'eau non bouillie au mépris de toutes les règles d'hygiène sanitaire, c'est que, pour sa mort comme pour sa vie, il n'a pas su prendre une décision irrévocable. De même qu'il a entretenu avec elle un jeu malsain où il y avait sans doute un peu d'affection et beaucoup d'intérêt, un peu de complicité artistique et beaucoup de calculs financiers, de même, au moment de mettre fin à ses jours, il s'est ménagé une chance d'échapper à la fatalité. Au contraire de Hermann, le héros pouchkinien de *La Dame de pique*, qui mise tout sur une carte, il taquine le hasard en espérant s'en tirer à bon compte. En apparence, il commet une imprudence tragique en avalant de l'eau polluée du robinet, mais, dans le fond, il compte sur un miracle de la dernière minute. Or, à l'instar de Hermann, qui voit son subterfuge se retourner contre lui, il se découvre subitement victime de son indécision. Comme d'habitude, il n'a pas su jouer le tout pour le tout. Son faux suicide s'étant révélé être un vrai suicide, il a obtenu ce qu'il n'a pas voulu. Pas plus que la musique, la vie humaine n'admet les fausses notes.

Epuisée par cette suite de raisonnements funèbres, Nadejda a l'impression que, pour la première fois de sa vie, elle a trouvé la clef qui lui ouvre le mystère du cœur de Tchaïkovski. Dégrisée et apaisée par cette certitude, elle peut enfin se réconcilier avec son tourmenteur. Elle se demande soudain s'il a prononcé son nom avant de mourir. Des témoins lui affirment que oui. Mais, s'il a évoqué son souvenir au dernier moment, était-ce pour la bénir ou pour la maudire ? Nul ne peut la renseigner sur ce point. Elle ne saura jamais si, en expirant, il a eu la force de crier : « Vous n'avez rien à faire ici ! Vous avez assez encombré ma vie ! Déguerpissez immédiatement, si vous ne voulez pas que je vous fasse jeter dehors ! » ou s'il a supplié d'une voix éteinte : « Donnez-moi la main, une dernière fois. J'ai besoin de cette chère main et de ce cher regard pour partir en paix ! » Les deux interprétations sont aussi plausibles l'une que l'autre. Tant pis ! Elle s'accommodera de cette incertitude. On s'accommode de tout à son âge. Rongée par la tuberculose, les os douloureux et la tête divagante, elle trouve assez de force pour tenter un dernier voyage. Mais que va-t-elle chercher au loin ? Elle l'ignore et s'en moque. Il y a trois mois que Tchaïkovski a rendu le dernier soupir et elle s'étonne d'être encore vivante alors qu'elle a été amputée d'une partie essentielle d'elle-même. Au fait, est-ce son corps ou son âme qui est en état de manque ? A Nice, où elle échoue en fin de course, elle se sent irrémédiablement démunie et amoindrie. Et pourtant, elle n'a nulle envie de retourner en Russie. Que ce soit ici ou là-bas, la même solitude l'attend. Si elle envisage encore parfois de bouger, ce n'est plus sur terre qu'elle cherche une destination de tout repos, mais sous terre où gît l'homme qu'elle s'est ingéniée à fuir tout en le poursuivant au long de sa route. En disparaissant – volontairement ou accidentellement – il l'a condamnée elle-même à disparaître. Puisqu'elle n'a existé que par lui et pour lui, elle est tenue, par fidélité à leur double destin, de cesser de respirer autrement qu'à travers son œuvre. A bout de patience et de souvenirs, c'est le 14 janvier 1894 (trois mois après lui) qu'elle accède enfin à l'union idéale avec le grand absent. L'office funèbre est célébré en l'église orthodoxe Saint-Nicolas à Nice et le corps est immédiatement rapatrié en Russie. Le jour de l'enterrement, il est probable qu'on a joué quelque part, à Saint-Pétersbourg, à Moscou, à

Paris, à Londres, à Berlin, à Rome, une œuvre de Tchaïkovski, sans se soucier le moins du monde du décès annoncé très discrètement de la baronne Nadejda Philaretovna von Meck. Ainsi aura-t-elle raté l'ultime occasion d'être associée à la gloire d'un compositeur dont elle aurait voulu être le grand amour et dont elle n'a été que la banquière.

BIBLIOGRAPHIE

Principaux ouvrages consultés

P.I. TCHAIKOVSKI, *Journal personnel* (en français), présenté par Jenö Vigh, Editions Boosey & Hawkes, Paris.

— *Œuvres littéraires et correspondance* (en russe), Moscou, 1953-1981.

— *Correspondance avec Mme von Meck* (en russe), 3 volumes, Moscou-Leningrad, Editions Academia, 1934-1936.

BANNOUR (Wanda), *L'étrange baronne von Meck* (en français), Librairie académique Perrin, coll. « Terre des femmes », 1988.

BERBEROVA (Nina), *Tchaïkovski*, biographie (en français), Actes Sud, 1987.

BRENNER (Jacques), *Tchaïkovski ou la nuit d'octobre*, 1840-1898 (en français), Editions du Rocher, 1993.

ERISMANN (Guy), *Tchaïkovski, l'homme et son œuvre* (en français), Editions Seghers, 1964.

FERNANDEZ (Dominique), *Tribunal d'honneur*, roman (en français), Grasset, 1997.

HOFMANN (Rostislav), *Tchaïkovski* (en français), Paris, Editions du Chêne.

LISCHKE (André), *P.I. Tchaïkovski* (en français), Fayard, 1993.

— *Tchaïkovski au miroir de ses écrits* (en français), Fayard, 1996.

ORLOVA (Alexandra), « L'énigme de la vie et de la mort de Tchaïkovski » (en russe), publication dans *Continent*, n° 53, 1987.

TCHAIKOVSKI (Modest), *La vie de P.I. Tchaïkovski*, 3 volumes, 1900-1902 (en russe).

VOLKOFF (Vladimir), *Tchaïkovski, portrait* (en français), Julliard. L'Age d'homme, 1983.

DU MÊME AUTEUR

Romans isolés

FAUX JOUR (Plon)
LE VIVIER (Plon)
GRANDEUR NATURE (Plon)
L'ARAIGNE (Plon) – Prix Goncourt 1938
LE MORT SAISIT LE VIF (Plon)
LE SIGNE DU TAUREAU (Plon)
LA TÊTE SUR LES ÉPAULES (Plon)
UNE EXTRÊME AMITIÉ (La Table Ronde)
LA NEIGE EN DEUIL (Flammarion)
LA PIERRE, LA FEUILLE ET LES CISEAUX (Flammarion)
ANNE PRÉDAILLE (Flammarion)
GRIMBOSQ (Flammarion)
LE FRONT DANS LES NUAGES (Flammarion)
LE PRISONNIER N° 1 (Flammarion)
LE PAIN DE L'ÉTRANGER (Flammarion)
LA DÉRISION (Flammarion)
MARIE KARPOVNA (Flammarion)
LE BRUIT SOLITAIRE DU CŒUR (Flammarion)
TOUTE MA VIE SERA MENSONGE (Flammarion)
LA GOUVERNANTE FRANÇAISE (Flammarion)
LA FEMME DE DAVID (Flammarion)
ALIOCHA (Flammarion)
YOURI (Flammarion)
LE CHANT DES INSENSÉS (Flammarion)
LE MARCHAND DE MASQUES (Flammarion)
LE DÉFI D'OLGA (Flammarion)
VOTRE TRÈS HUMBLE ET TRÈS OBÉISSANT SERVITEUR (Flammarion)
L'AFFAIRE CRÉMONNIÈRE (Flammarion)
LE FILS DU SATRAPE (Grasset)
NAMOUNA OU LA CHALEUR ANIMALE (Grasset)
LA BALLERINE DE SAINT-PÉTERSBOURG (Plon)
LA FILLE DE L'ÉCRIVAIN (Grasset)

Cycles romanesques

LES SEMAILLES ET LES MOISSONS (Plon)
I – LES SEMAILLES ET LES MOISSONS
II – AMÉLIE
III – LA GRIVE
IV – TENDRE ET VIOLENTE ÉLISABETH
V – LA RENCONTRE

LES EYGLETIÈRE (Flammarion)
I – LES EYGLETIÈRE
II – LA FAIM DES LIONCEAUX
III – LA MALANDRE

LA LUMIÈRE DES JUSTES (Flammarion)
I – LES COMPAGNONS DU COQUELICOT
II – LA BARYNIA
III – LA GLOIRE DES VAINCUS
IV – LES DAMES DE SIBÉRIE
V – SOPHIE OU LA FIN DES COMBATS

LES HÉRITIERS DE L'AVENIR (Flammarion)
I – LE CAHIER
II – CENT UN COUPS DE CANON
III – L'ÉLÉPHANT BLANC

TANT QUE LA TERRE DURERA... (La Table Ronde)
I – TANT QUE LA TERRE DURERA...
II – LE SAC ET LA CENDRE
III – ÉTRANGERS SUR LA TERRE

LE MOSCOVITE (Flammarion)
I – LE MOSCOVITE
II – LES DÉSORDRES SECRETS
III – LES FEUX DU MATIN

VIOU (Flammarion)
I – VIOU
II – A DEMAIN, SYLVIE
III – LE TROISIÈME BONHEUR

Nouvelles

LA CLEF DE VOÛTE (Plon)
LA FOSSE COMMUNE (Plon)
LE JUGEMENT DE DIEU (Plon)
DU PHILANTHROPE À LA ROUQUINE (Flammarion)
LE GESTE D'ÈVE (Flammarion)
LES AILES DU DIABLE (Flammarion)

Biographies

DOSTOÏEVSKI (Fayard)
POUCHKINE (Perrin)
L'ÉTRANGE DESTIN DE LERMONTOV (Perrin)
TOLSTOÏ (Fayard)
GOGOL (Flammarion)
CATHERINE LA GRANDE (Flammarion)
PIERRE LE GRAND (Flammarion)
ALEXANDRE Ier (Flammarion)
IVAN LE TERRIBLE (Flammarion)
TCHEKHOV (Flammarion)
TOURGUENIEV (Flammarion)
GORKI (Flammarion)
FLAUBERT (Flammarion)
MAUPASSANT (Flammarion)
ALEXANDRE II (Flammarion)
NICOLAS II (Flammarion)
ZOLA (Flammarion)
VERLAINE (Flammarion)
BAUDELAIRE (Flammarion)
BALZAC (Flammarion)
RASPOUTINE (Flammarion)
JULIETTE DROUET (Flammarion)
TERRIBLES TSARINES (Grasset)
LES TURBULENCES D'UNE GRANDE FAMILLE (Grasset)
NICOLAS Ier (Perrin)
MARINA TSVETAEVA, *l'éternelle insurgée* (Grasset)
L'ÉTAGE DES BOUFFONS (Grasset)
PAUL Ier, LE TSAR MAL AIMÉ (Grasset)

Essais, voyages, divers

LA CASE DE L'ONCLE SAM (La Table Ronde)
DE GRATTE-CIEL EN COCOTIER (Plon)
SAINTE RUSSIE, *Réflexions et souvenirs* (Grasset)
LES PONTS DE PARIS, *illustré d'aquarelles* (Flammarion)
NAISSANCE D'UNE DAUPHINE (Gallimard)
LA VIE QUOTIDIENNE EN RUSSIE AU TEMPS DU DERNIER TSAR (Hachette)
UN SI LONG CHEMIN (Stock)

Théâtre

LES VIVANTS (André Bonne)

Impression réalisée sur CAMERON par

BUSSIÈRE CAMEDAN IMPRIMERIES

GROUPE CPI

à Saint-Amand-Montrond (Cher)
pour le compte des Éditions Grasset,
61, rue des Saints-Pères, 75006 Paris.
en décembre 2003

N° d'édition : 13057. — N° d'impression : 035712/4.
Dépôt légal : janvier 2004.

Imprimé en France

ISBN 2-246-66131-5 broché
ISBN 2-246-66130-7 luxe